ellermann

Sandra Grimm, 1974 in einem kleinen Dorf in Norddeutschland
geboren, ist Diplompädagogin und Verlagslektorin. Nach vielen
Jahren Arbeit und Studium in Paris, Trier, Münster und Bayreuth
lebt sie inzwischen wieder in Norddeutschland, wo sie als
freie Autorin und Lektorin arbeitet.

Stephan Pricken, 1972 in Moers geboren, studierte Design
mit dem Schwerpunkt Illustration an der Fachhochschule in
Münster. Seit 2004 arbeitet er als freier Illustrator und Mitglied
der Ateliergemeinschaft Hafenstraße in Münster.

ellermann im Dressler Verlag GmbH · Hamburg
© Dressler Verlag GmbH, Hamburg 2015
Alle Rechte vorbehalten
Einband und farbige Illustrationen von Stephan Pricken
Druck und Bindung: Offizin Andersen Nexö, Leipzig
Printed 2015
ISBN 978-3-7707-2647-9

www.ellermann.de

Sandra Grimm

Fantastische Vorlesegeschichten

Hexen, Drachen, Zauberer

Bilder von Stephan Pricken

ellermann im Dressler Verlag GmbH · Hamburg

Die Vorlese-Mitmach-Reihe

Vorlesen heißt in kleinen Geschichten die Welt entdecken. Vorlesen heißt Nähe und Geborgenheit genießen; und ganz nebenbei die kindliche Sprachentwicklung fördern. Kinder wollen erzählen, entdecken und aktiv werden. Deshalb finden Sie in diesem Buch viele lustige Ideen zum Mitmachen.

Erzählen! – Rätselfragen und Gesprächsanlässe

Die Fragen mit der Sprechblase als Symbol laden zum Erzählen ein. Bei der Beantwortung geht es nie um ein richtig oder falsch, sondern darum, mit den Kindern ins Gespräch zu kommen und ihren eigenen Gedanken Raum zu geben.

Entdecken! – Suchbilder und mehr

Die Fragen und Ideen mit der Lupe als Symbol laden zum Suchen und Entdecken ein. Bei manchen Fragen geht es darum, das Gehörte in den Bildern wiederzuentdecken. Andere Fragen erzählen die Geschichten weiter und beflügeln so die Fantasie.

Aktiv werden! – Kleine Bewegungsspiele und Aktionsideen

Die Ideen mit der Hand als Symbol regen zum Aktivwerden an: zum Spielen, Bewegen, Lachen und Sachen machen. Kinder werden so Teil der Geschichte.

Und für alle, die noch mehr wollen, gibt es am Ende jeder Geschichte eine besondere Aktionsidee. Sie erkennen sie an diesem Schild:

Mal ist diese Idee **ein Rezept**, mal **eine Bastelidee** oder **ein Spiel**. So können Sie gemeinsam noch länger in der Geschichte bleiben.

Jedes Kind ist anders …

… und kann unterschiedlich lange zuhören. Deshalb sind die Geschichten in diesem Buch unterschiedlich lang. Die Fragen und Ideen zum Mitmachen eignen sich gut dazu, die Kinder wieder in die Geschichte zu holen.

… und hat seinen eigenen Kopf. Wählen Sie deshalb die Fragen und Mitmach-Ideen je nach Zuhörer aus. An den unterschiedlichen Symbolen erkennen Sie schnell, um was für eine Art von Frage es sich handelt.

… und jeder Vorleser auch. Entscheiden Sie selbst, ob Sie die Fragen vorlesen oder in eigene Worte fassen.

… und jede Vorlesesituation auch. Sie haben viel oder wenig Zeit, sitzen auf dem Sofa oder liegen schon im Bett. Deshalb bleibt es ganz Ihnen überlassen, welche Fragen Sie stellen möchten. Die Geschichten können auch ganz ohne Fragen vorgelesen werden.

Inhaltsverzeichnis

Der verflixte Hexenschnupfen   **9**

Zottelkopf, der verwirrte Zauberer   **14**

Halloween und das Haus
der Gruselwesen   **20**

Troll-Alarm im Elfenland   **30**

Wer glaubt schon an Gespenster?   **34**

42 Doktor Fritjof und
die außerirdischen Notfälle

48 Blöde bunte Felldingsdabumse

56 Ein echter Trost-Notfall

62 Doktor Krambels geheimnisvoller Trank

71 Unter Wasser ist es nasser,
als ein jedes Kind sich denkt …

Der verflixte Hexenschnupfen

Die kleine Hexe Robexa hatte einen fürchterlichen Schnupfen. Schon beim Aufstehen nieste sie einhundertdreizehn Mal hintereinander. Dann hustete sie so kräftig, dass der Kater Costa sich am Teppich festkrallen musste, um nicht vom Hustepusten davongeweht zu werden. „So geht das nicht", fauchte der Kater. „Hex dich gesund!" Die kleine Robexa schniefte. „Nas neht nicht." Der Kater Costa spitzte die Ohren. „Wie bitte?", fragt er. Robexa seufzte. „Nesund hexen neht nicht. Ich nann mir nur Medizin herneihexen." Der Kater kicherte. „Du klingst wie eine kaputte Kuh", ärgerte er die kleine Hexe. Robexa antwortete nicht. Sie hatte schon den richtigen Zauberspruch im Kopf. Nur – wo war ihr Zauberstab? „Ah, da ist er ja", sagte die Hexe. Dann rief sie: „Ene, mene,

Hexenbrei, Snunpf-, hust!, hust!, -bletten
snell herbei!" Es zischte und funkte, dann
fiel ein hölzernes Ding polternd auf
den Küchentisch. Robexa und der
Kater beugten sich neugierig darüber. Ein kleines blaues We-
sen lag in dem Holzding und
schnarchte. Der Kater begann
wieder zu kichern. „Hihihi, das
sind keine Schnupftabletten, hihihi,
das ist ein Schlumpfbett. Mit Schlumpf." Er lachte, bis Robexa ihn
stirnrunzelnd zur Seite schob. Der Kater plumpste auf den Teppich.
Beleidigt sprang er zurück auf den Stuhl.
„Das nommt nur vom Snupfen!", näselte Robexa. „Ich versuche es

einfach noch mal." Erneut hob sie ihren Zauberstab, schwang ihn durch die Luft und rief: „Ene, mene, Hexenkraft, vor mir stehe – (sie schniefte und zog die Nase hoch, damit sie nicht tropfte) – Husnnaff!" Ein Zischen, ein paar Fünkchen und schon stand auf dem Tisch … ein Hundefressnapf. Der Kater prustete los. „Huhu-hu, Hundenapf. Da kannst du den Hustensaft ja hineinschütten, hahaha." Robexa sah ihn streng an. „Wenn du nicht aufhörst – hust!, hust! –, nibt's bald Hundefutter für dich!"
Noch viel beleidigter als vorher sprang der Kater vom Stuhl und ging mit erhobener Nase zur Tür hinaus. Hexe Robexa sah ihm nach und schniefte kräftig. Sie probierte es ein letztes Mal: „Ene, mene, Hexensee, ich brauche einen heißen Te-ha-tschu!" Sie nieste mitten in den Zauberspruch hinein.
Es zischte, es funkte – und vor ihr stand ein sehr verdutzter Indianer. „Wo bin ich, und wa-rum ist mir so heiß?", fragte er verwirrt. Auch die kleine Hexe wusste nicht, wie sie einen Indianer hergehext hatte. „Ich bin der große Häuptling Tehatschu", sagte der Indianer stolz. Robexa starrte ihn an. Dann lachte sie, bis ihr die Trä-nen kamen. Der Häuptling Tehatschu? Sie hatte doch nur heißen Tee herbeihexen wollen!
Zum Glück brauchte sie zum Zurückhexen nur die Worte „Ene, mene, Schneck-Dreck-weg" zu murmeln. Das schaffte Hexe Ro-bexa gerade noch, bevor sie hustend und schniefend ins Bett fiel.

Sie schlief gleich ein und hörte gar nicht, wie der alte Hexenkater zurück durch die Tür schlich, eine Tüte mit Medizin von der Hexenapotheke auf Robexas Nachttisch stellte und sich wärmend auf ihrer Decke niederließ. Aber als Robexa aufwachte, ging es ihr schon viel besser. Sie nahm gleich einen Löffel Hustensaft, kochte mit dem Kräuterbeutel einen warmen Zimt-Apfeltee und kuschelte sich wieder ins Bett, das der Kater ihr warm gehalten hatte. „Nuter Hexennater", nuschelte die Hexe schlapp. Der Hexenkater schnurrte kurz, dann blieb er still, damit sich seine kleine Hexe ganz gesundschlafen konnte.

Zimt-Apfelhexentee

Du fühlst dich auch schon ganz schlapp? Koch dir einen leckeren
Zimt-Apfeltee und …
Ene, mene, Hexenhut,
gleich geht es dir wieder gut!

Du brauchst
eine Tasse
Apfelsaft
etwas Zimt

So wird's gemacht
Erwärme den Apfelsaft in der Mikrowelle oder in einem Topf, lass
dir dabei von einem Erwachsenen helfen. Gieße den Saft in deine
Lieblingstasse und streue etwas Zimt drüber. Mmh, wie das duftet!

Zottelkopf, der verwirrte Zauberer

Zoltan Zottelkopf war mal wieder sehr verwirrt. Wo hatte er nur seine Brille gelassen? Schon seit Stunden suchte er in seinem verwinkelten Häuschen danach. Gerade kroch er unter das Bett. Vielleicht lag die Brille in einer seiner Socken? Nein, da war sie auch nicht. Seufzend krabbelte Zauberer Zottelkopf wieder unterm Bett hervor. Suchen war so anstrengend. Müde legte er sich auf seine wunderweiche weiße Bettdecke, die ihn sofort kuschelig einwickelte. Der Zauberer lächelte. „Du bist die beste Zauberdecke der Welt", murmelte er. Aber weil er nicht den ganzen Tag nur schlafen wollte, beschloss er, in die Stadt zu fahren und sich eine neue Brille zu kaufen. Zoltan zog seine Schuhe an und

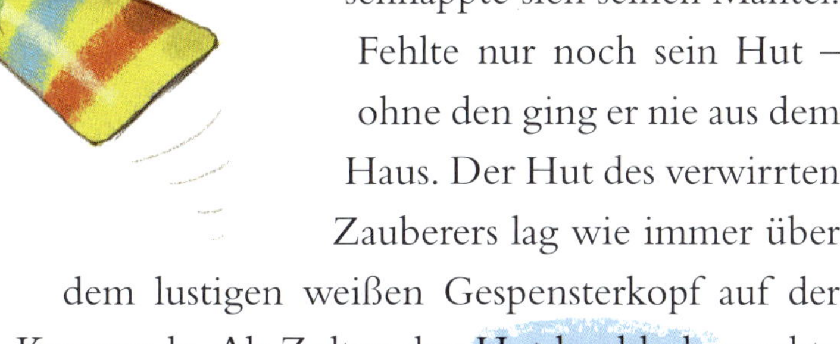

schnappte sich seinen Mantel. Fehlte nur noch sein Hut – ohne den ging er nie aus dem Haus. Der Hut des verwirrten Zauberers lag wie immer über dem lustigen weißen Gespensterkopf auf der Kommode. Als Zoltan den Hut hochhob, wachte das Gespenst auf.

„Uah", gähnte es laut. Dann sah es Zoltan verwundert an. „Soso, der Zauberer wünscht Ausgang? Ist schon wieder ein Jahr um, und Tante Tusnelda feiert Geburtstag?"

Zoltan schüttelte den Kopf. „Nein, ich brauche eine neue Brille. Meine alte ist verschwunden."

„Aber, werter Zauberer, warum hext du sie nicht herbei?", fragte das Gespenst höflich.

Zoltan sah das Gespenst verblüfft an. Natürlich, sein Freund hatte recht! „Isidor, du bist so schlau. Wie gut, dass ich dich habe", sagte er und tätschelte dem Gespenst den weichen Kopf. „Hmm, wie war doch gleich der Zauberspruch?"

Isidor räusperte sich. „Wo ein Zauberer, da ein Wille, hixhexhux, her mit der Brille!" Zoltan strahlte. „Das klingt gut!" Er wiederholte den Spruch. Aber nichts geschah. Zoltan kratzte sich verdutzt den zotteligen Lockenkopf. „Warum klappt es nicht?", murmelte er. Isidor seufzte. „Du brauchst deinen Zauberstab." Das Gesicht des Zauberers hellte sich auf. „Aber klar!", rief er. „Danke, altes

Gespenst!" Isidor seufzte. „Ja, ja, da freust du dich. Ich würde auch gerne mal froh sein." Zauberer Zoltan sah ihn verwundert an. Dann fiel ihm der Zauberstab wieder ein. „Ich frage die weißen Händchen danach", murmelte er. Rasch lief er in die Küche, wo die weißen Händchen trübselig zwischen den Topflappen lagen. „Liebe Händchen, wisst ihr, wo mein Zauberstab ist?"

Die Händchen huschten auf ihren fünf Fingerchen durch die Küche zum Radio und winkten mit dem Zauberstab, der dort lag. „Danke, liebe Händchen", sagte der Zauberer.

Zurück im Flur schwang er den Zauberstab und rief: „Wo ein Zauberer, da ein Wille, hixhexhux, her mit der Brille!"

Plopp – thronte die Brille auf seiner Nase. Der Zauberer beugte sich zufrieden zu Isidor hinab. „Danke, alter Kumpel", sagte er – und hielt erstaunt inne. Der Gespensterkopf war ganz nass. Hurtig holte Zoltan sein Taschentuch hervor und tupfte das Wasser von Isidors Wange.

16

„Seltsam", murmelte er und sah zur Decke hinauf. „Vielleicht ist das Dach undicht …" Isidor schniefte. „Nein", brummte er. „Ich, ich bin undicht." Zoltan sah ihn prüfend an. „Bist du kaputt?" Isidor stöhnte. „Nein, ich bin traurig, du alter Zottelkopf!", rief er. Nachdenklich legte Zoltan den Finger an die Stirn. „Traurig? Aber warum? Ich kann mir nicht denken, warum", murmelte er.

Plötzlich flitzten die Händchen auf die Kommode und winkten hektisch. Der Zauberer war jetzt völlig verwirrt. „Was, ihr seid auch traurig? Sind heute alle weißen Sachen traurig?" Isidor nickte. „Irgendwie schon. Und nicht nur heute. Aber heute ist es besonders schlimm. Denn heute ist unser Geburtstag." Zoltan verstand immer noch nicht. „Wessen Geburtstag? Der Geburtstag der weißen Sachen?" Zu Zoltans Verwunderung nickte Isidor wieder. „Du musst das Rätsel selbst lösen, sonst kannst du uns nicht dabei helfen, wieder fröhlich zu werden", sagte er leise und schniefte. Eine dicke Träne rollte seine Wange hinunter.

Zoltan kniff die Augen zusammen. So traurig hatte er sein Gespenst noch nie gesehen. „Ich leg mich jetzt für ein Nickerchen aufs Bett – und danach weiß ich, was euch fröhlich macht. Versprochen!"

Zoltan ging in sein Schlafzimmer, ließ sich von der weichen weißen Decke umarmen, die auch ganz traurig wirkte – und schlief ein. Im Traum tanzte er mit einem Gespenst. Ein Gespenst mit Kopf und Kleid und Händen. Dann wachte er auf.

„Ich weiß es!", rief er jubelnd, klemmte sich die weiße Decke unter den Arm und rannte die Treppe hinab. Die Händchen und der

Gespensterkopf sahen ihn erwartungsvoll an. Zoltan lächelte. „Vor vielen Jahren hat euch sicher der gemeine Zauberer, der vor mir hier wohnte, verhext, nicht wahr?" Die weißen Sachen zappelten zustimmend.

Zauberer Zoltan Zottelkopf griff nach seinem Zauberstab und schloss die Augen. Er murmelte: „Wo ein Zauberer, da ein Tanz, hixhexhux, Gespenst sei ganz!" Dazu schwang er seinen Zauberstab wild in der Luft herum, und – plopp –, schon knallte und rauchte es.

Als Zoltan seine Augen wieder öffnete, war der Kopf von der Kommode verschwunden. Auch die Händchen und die weiße Decke waren fort.

Da tippte ihm etwas auf die Schulter. Der Zauberer drehte sich um – und lachte. Vor ihm schwebte der ganz-gehexte Isidor, ein wunderschönes weißes Gespenst mit Kopf und Kleid und Händen.

„Wie gruselig-schön du aussiehst", rief der Zauberer. Dann griff
er nach den Händchen und tanzte einen wunderwilden Geburts-
tagsgespenstertanz mit Isidor, der schon wieder nasse Wangen hatte. Aber diesmal waren es Freudentränen, die er mit seinen eigenen Händen wieder abwischen konnte. Warum er sich so freute?
Hör dir nur mal das Geburtstagslied an, das der verwirrte Zauberer
ihm sang:

> *„Vier Mücken und Regen auf all deinen Besen,*
> *Gemüse und Pfoten, gleich auch Mittagsbrei!"*

Wunderwilder Gespenster-Geburtstagstanz

Jeder tanzt gern, aber Gespenster tanzen am aller-
wildesten. Das kannst du sicher auch!

So wird's gemacht

Sing das schön verwirrte Geburtstagslied des
Zauberers (Melodie: Viel Glück und viel Segen)
ganz laut.

Tanze dazu so richtig schön gespenstisch: Hüpfe von einem Bein
auf das andere, dreh dich und bewege die Arme auf und ab. Vielleicht hast du sogar eine Decke, die du dir überwerfen kannst,
damit du wie ein richtiges Gespenst aussiehst?

Halloween und das Haus der Gruselwesen

Waldemar war neu in der Stadt. Erst seit zwei Wochen kam er jeden Tag in den Kindergarten. Kevin und Leon tuschelten manchmal über ihn. Waldemar – wer hieß schon so? Außerdem war er immer so blass. „Ich glaube, ich kann ihn nicht leiden", flüsterte Kevin, während Leon und er die Straße entlanggingen. Leon nickte. Um sie herum wuselten lauter Gespenster, Skelette, Hexen und Vampire. Leons Vater, der hinter ihnen lief, war als Mumie verkleidet. Schließlich war heute Halloween! Und der Kindergarten feierte nachmittags ein kleines Gruselfest in der Turnhalle.
„Ich erschreck mich nicht so leicht", stellte Leon klar. „Auch wenn sie Gruselkürbisse vor die Türen stellen oder Totenköpfe an die

Wände malen." Kevin sah das genauso. „Die Sonnengruppe soll eine Geisterparty im Dunkeln veranstalten. Pah, da gruseln sich doch höchstens Babys!" Er seufzte. „Na komm, holen wir den merkwürdigen Waldemar ab." Sie bogen in den Eichenweg. Die Straße passte zu Waldemar, sie war auch merkwürdig. Es gab nur wenige Häuser, nirgendwo sahen sie erhellte Fenster. Das Licht der einzigen Straßenlaterne flackerte schwach.

Plötzlich brachte ein kräftiger Wind die riesigen Eichenbäume zum Knarren. Als eine große Krähe neben ihnen aufflog, kreischten Leon und Kevin ängstlich. Leons Papa lachte. „Soso, ihr erschreckt euch nicht, hmm?" Kevin runzelte die Stirn. Auch Leon ärgerte sich. „Alles wegen dem doofen Waldemar", sagte er.

Endlich kamen sie zur Hausnummer sieben, als plötzlich das Handy von Leons Papa klingelte. „Ich warte hier draußen", sagte er und lehnte sich an den Gartenzaun.

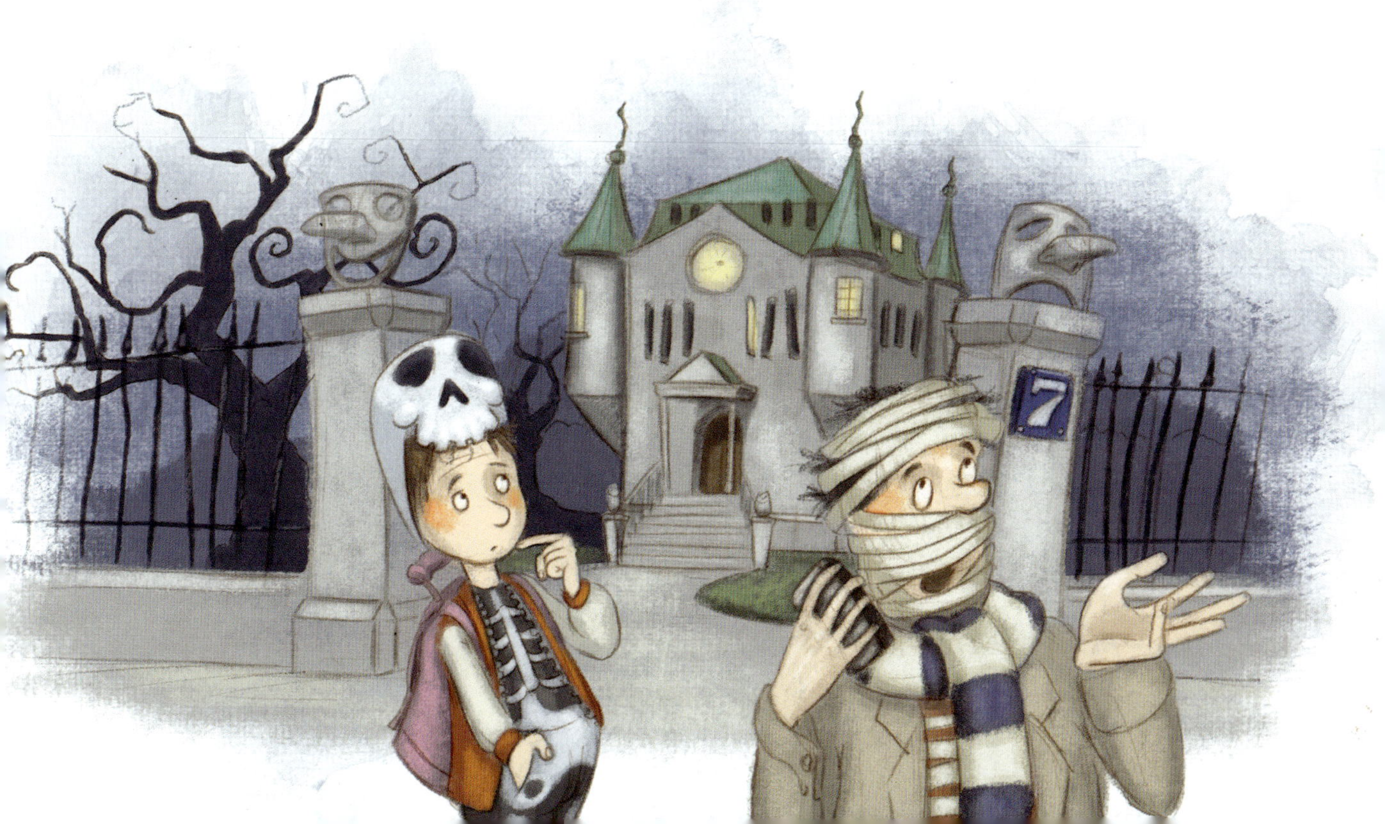

Kevin und Leon liefen die lange Auffahrt zu dem Haus entlang
und stiegen die Stufen zu der großen Eingangstür hinauf. Auf dem
Treppengeländer saß eine Steineule. Leon ließ sie nicht aus den
Augen, während er daran vorbeiging. Kevin klingelte.

„Mit der Eule stimmt was nicht", wisperte Leon. Kevin grinste.
„Doch, ehrlich", sagte Leon. „Da! Sie dreht den Kopf." In diesem
Moment ging die Tür auf. Ein Diener verbeugte sich. „Kommen
Sie herein." Kevin und Leon starrten ihn an. Der Diener lächelte.
„Ihr sucht Vladimir, richtig? Er ist im vierten Stock, bitte hier ent-
lang." Der Diener zeigte auf die riesige Treppe. Kevin nickte und
zog Leon, der immer noch wie angewurzelt vor der Tür stand, mit

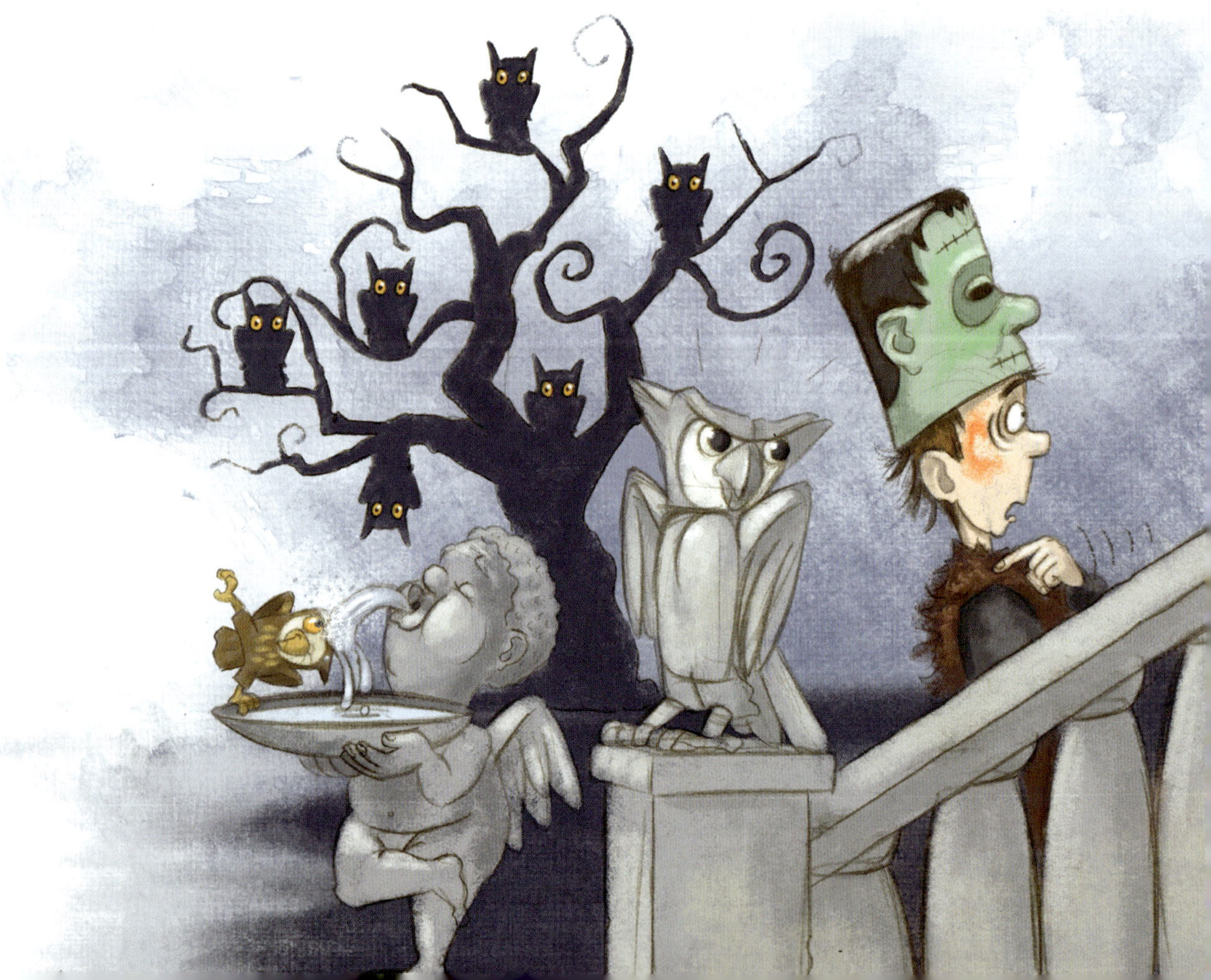

ins Haus. Hier war es aber wirklich seltsam. Und wieso nannte der Diener Waldemar ‚Vladimir‘? Rasch liefen Leon und Kevin die Treppe hinauf. Im ersten Stock kamen sie an einer großen Flügeltür vorbei, die nur angelehnt war. Leon spähte hinein und wurde blass. „Tanzende Skelette“, sagte er leise. „Echte!“ Kevin tippte sich an die Stirn. „Du spinnst.“ Er warf einen schnellen Blick durch die Tür. „Alle bloß verkleidet“, murmelte er.

Im zweiten Stock verdeckte ein riesiger dunkelroter Vorhang den Zugang zu den Zimmern. Wieder war Leon neugierig und musste einfach dahinter schauen. Als er zurück zu Kevin kam, zitterte seine Stimme. „Hopsende Kürbisse. Ganz bestimmt echte hopsende Kürbisse!“ Kevin zog eine Augenbraue hoch. „So ein Quatsch. Mich legst du nicht rein!“, sagte er. Er linste hinter den Vorhang. Dort tanzten tatsächlich Kürbisse. Aber die waren bestimmt auch nur verkleidet.

Noch ein letzter Treppenabsatz, dann standen sie im dritten Stock. Kevin öffnete eine große Holztür. Doch statt eines Zimmers befand sich ein riesiger Balkon dahinter. In seiner Mitte brannte ein helles Feuer, um das fünf Hexen mit ihren Besen herumsprangen.

Sie winkten den Jungen fröhlich zu. Kevin winkte zurück und schloss die Tür. „Super Halloween-Partys feiern die hier", sagte er beeindruckt. „Vielleicht ist Waldemar doch nicht so uncool." Leon sah ihn beunruhigt an. „Meinst du wirklich, dass die alle nur verkleidet sind?" Kevin boxte ihn gegen den Arm. „Na klar! Oder dachtest du, die sind echt?"

Leon schüttelte den Kopf, aber er sah nicht sehr überzeugt aus.

Als Kevin und Leon endlich im vierten Stock ankamen, wartete Waldemar schon auf sie. Er war als Vampir verkleidet und sprang fröhlich auf sie zu. „Da seid ihr ja!", rief er und zog sie an den Ärmeln in einen langen Korridor, von dem mehrere Türen abgingen. „Kommt, ich zeig euch, wie ich wohne!"

Eine der Türen sah aus wie ein riesiger Grabstein. Waldemar öffnete sie. Kevin und Leon blickten in einen großen Saal mit goldenen Kronleuchtern und schweren Samtvorhängen. An den Wänden hingen riesige Bilder, vermutlich von Waldemars Vorfahren. Dann fiel Leons Blick auf die hölzernen Dinger, die er zunächst für Sitzbänke gehalten hatte. „Das sind Särge", flüsterte er. „Kevin,

Waldemar ist ein Vampir!" Kevin lachte. Er drehte sich zu Waldemar. „Mann, ihr feiert Halloween aber wirklich gern, oder? Wo
sind denn eure normalen Möbel?" Waldemar sah ihn erstaunt an.
„Welche Möbel denn? Ach egal, lasst uns gehen."

Eine elegante, sehr blasse Dame trat näher. „Vladimir, Schatz, gehst
du jetzt? Zieh deinen Umhang an", sagte sie freundlich. Mit ihren
strahlend blauen Augen sah sie Kevin und Leon neugierig an. „Das
sind deine Freunde, ja? Guten Abend, meine Lieben. Wo ist denn
dein Vater, Leon? Vladi darf nämlich nur mit, wenn ein Erwachse-
ner dabei ist."

Leon nickte. „Unten", nuschelte er.
Mehr konnte er wirklich nicht sagen.
Vampire verschlugen ihm einfach die
Sprache. Kevin raunte Waldemar
zu: „Er glaubt, ihr seid echt."
Waldemars Mutter betrachtete

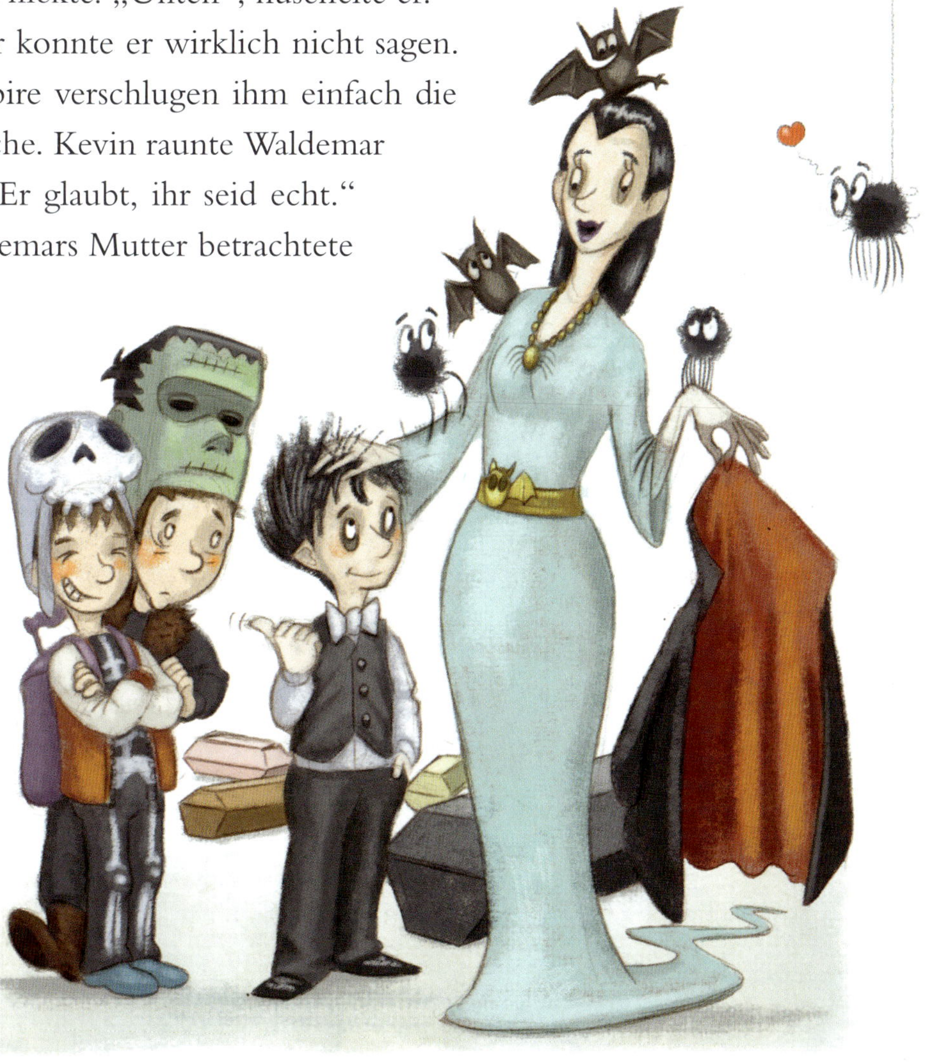

ihn schweigend. Nun wurde auch Kevin misstrauisch. Vielleicht waren sie doch echte Vampire? Er ging langsam Richtung Treppe, Leon folgte ihm. Auch Waldemar kam ihnen nach. „Heißt du jetzt Waldemar oder Vladimir?", fragte Kevin.

Waldemar zuckte mit den Schultern. „Je nachdem, ob ich bei Menschen bin oder bei …" Er hielt inne und sah Kevin erschrocken an. „Vergiss es", sagte er. Kevin schauderte und beeilte sich, die Treppe hinunterzukommen.

Allerdings war das gar nicht so einfach, denn inzwischen tanzten die Skelette, Hexen und Kürbisse auf den Stufen herum. Sie sangen „Ho, ha, Halloween, wir sind die Gruselgangster, lalala!"

Kevin standen die Nackenhaare zu Berge. „Raus hier!", rief er Leon zu. Sie flogen beinahe die Stufen hinunter und stürmten zur Haustür hinaus, die der Diener ihnen höflich aufhielt. Als sich die Tür hinter ihnen schloss, war es still. Leon und Kevin schnappten nach Luft.

Endlich draußen. Am Gartentor stand Leons Papa. Nun war alles wieder in Ordnung.

Plötzlich legten sich zwei Hände auf Leons und Kevins Schultern. Sie zuckten zusammen. „Hey, ich bin's nur", scherzte Waldemar. „Los geht's!"

Leon und Kevin beeilten sich, zu Leons Vater zu kommen, und griffen nach seinen Händen. Waldemar ging singend voraus.

„Vladimir ist ein Vampir", zischte Leon seinem Vater zu.

„Das seh ich selbst", antwortete er. „Ich finde die Verkleidung sehr gelungen." Leon drückte seine Hand fester. „Nein, in echt! Vladimir …"

„Ich denke, er heißt Waldemar", unterbrach ihn sein Papa. Leon seufzte. Sein Vater lächelte. „Waldemar", rief er, „weißt du eigentlich, dass das Haus, in dem du wohnst, mal ein Theater war?" Waldemar drehte sich grinsend um. „Ja, ich weiß", sagte er. „Die ganzen alten Bühnenmöbel waren noch drin, wir räumen sie immer um, für Weihnachten gibt's sogar riesige unechte Tannenbäume." Kevin und Leon starrten ihn an. „Bühnenmöbel? Das war alles nur Theaterkram? Du bist gar nicht echt?" Waldemar schmunzelte. „Natürlich nicht. Ihr seid wirklich lustig." Kevin und Leon atmeten erleichtert aus. „Aber Vladimir heiße ich übrigens doch", fügte Waldemar hinzu. „Da muss jemand im Kindergarten was falsch aufgeschrieben haben."

Leon und Kevin liefen zu ihm. „Vladi, du bist echt cool", fand Kevin. „Du bist der Erste, der mich an Halloween so richtig erschreckt hat." Leon lachte. „Stimmt, du warst ja käseweiß vor

Angst. Ich hab gleich gewusst, dass das alles nur wegen Halloween
ist!" Das ließ Kevin sich nicht gefallen. „Na warte", knurrte er und
jagte Leon um die alten Eichenbäume. Vladimir rannte mit.
Nur Leons Vater blickte sich noch einmal sehnsüchtig um. „Nächs-
tes Mal komme ich mit hinein."

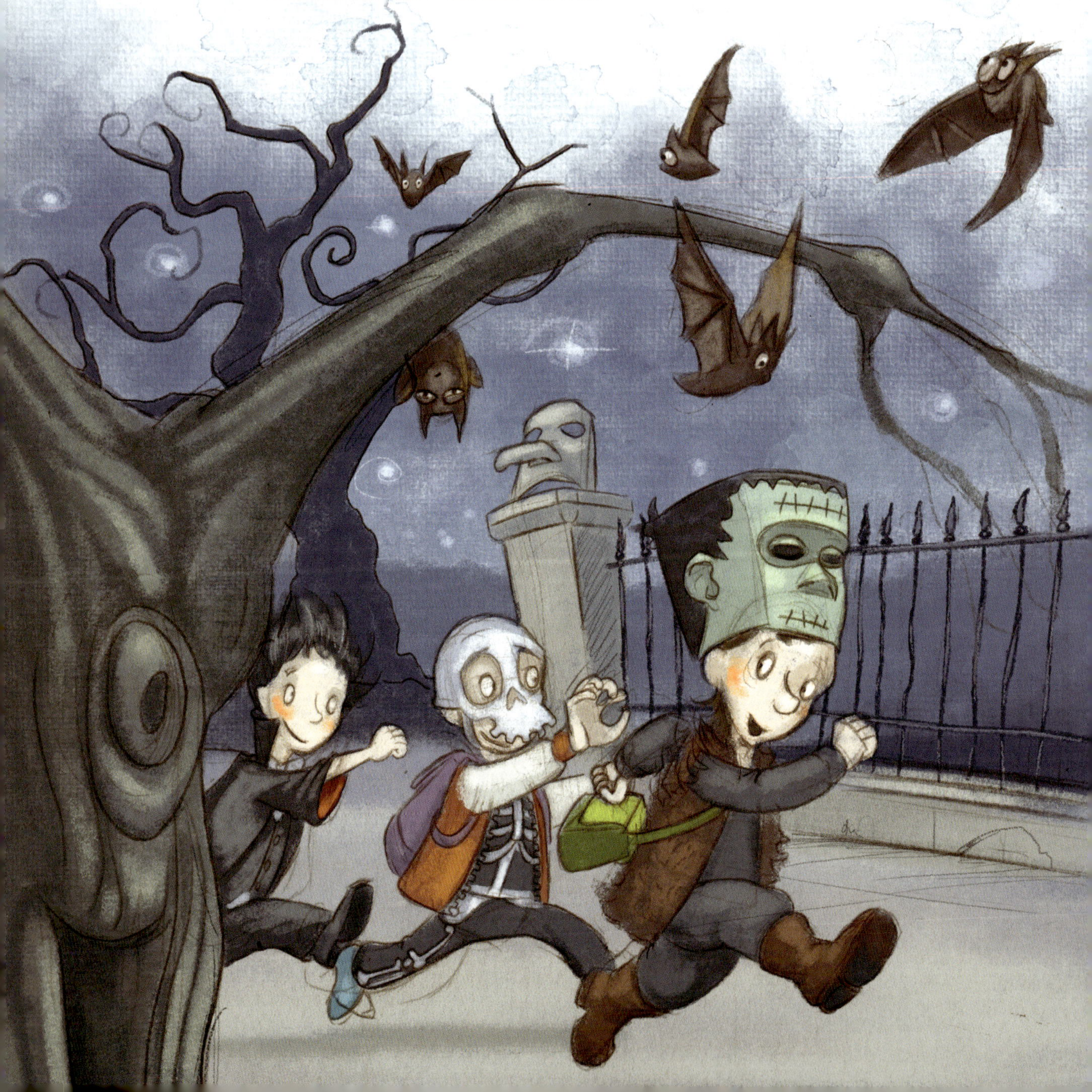

Gruselgeister im Spukhaus

Spukhäuser sind etwas Wunderbares. Lass deine eigenen Gruselgestalten herumspuken!

Du brauchst

einen Schuhkarton
ein Küchenmesser und die Hilfe eines Erwachsenen
Tonkarton in Orange und/oder Schwarz, Weiß, Rot
eine Schere
einen Stift
ein langes Holzstäbchen
Klebefilm

So wird's gemacht

Bitte einen Erwachsenen, mit dir zusammen Fenster in den Boden des Schuhkartons zu schneiden, sodass er aussieht wie ein Hochhaus (Karton hochkant stellen und oben zum Spielen den Rand entfernen).

Zeichnet nun Kürbisse auf die orangene Pappe, Vampire auf die schwarze, Gespenster auf die weiße und Hexen auf die rote Pappe. Schneidet die Figuren aus und klebt sie unten an ein Holzstäbchen. Nun könnt ihr die Figuren vor den Fenstern tanzen lassen – im Dunkeln mit einer Taschenlampe ist es noch viel gruseliger. Hui, es spukt!

Troll-Alarm im Elfenland

So eine Aufregung gab es im Elfenwald noch nie! Alle Elfen schwirrten wild durcheinander. „So ein dummer Troll!", sagte die Elfenkönigin und stemmte die Hände in die Seiten. Sie war stinksauer! „Er weiß genau, dass wir wochenlang die Sonnenfunken vom Morgentau sammeln müssen, bis wir ein Schälchen voll haben. Und jetzt schleckt er eins nach dem anderen aus!"

Verärgert stand die Elfe von ihrem Thron auf und klopfte mit ihrem silbernen Stab auf den Boden. Sogleich sausten zwei hellblaue Wachen herein. „Wir müssen den Troll aufhalten. Trommelt alle Elfen zusammen", befahl die Königin.

Die hellblauen Elfen verbeugten sich und schwirrten davon. Kurz darauf schlugen die dunkelgrünen Musikelfen mit alten Igelstacheln auf Mohnblütenköpfe, dass es nur so schallte. Jede Elfe im Elfenland wusste, was dieses Trommeln bedeutete, und nur sechs Flügelschläge später standen alle Elfen vorm Schloss. Die Elfenkönigin trat auf den Balkon.

„Mein liebes Elfenvolk“, sprach sie. „Der Troll hat bereits die Hälfte unserer goldenen Ernte verspeist. Wenn wir ihn nicht daran hindern, noch mehr zu stehlen, ist unser Vorrat bald dahin, und wir werden im Winter schwere Zeiten haben.“
Die Elfen schwiegen bedrückt. Schwere Zeiten im Winter, das bedeutete, sie würden hungern müssen. „Also auf, meine tapferen Elfen“, rief die Königin und reckte ihren silbernen Stab in die Luft. „Jagen wir den Eindringling davon!“ Die kleinen Elfen jubelten und erhoben sich in die Luft. Die Elfenkönigin flog an ihre Spitze und gab das Zeichen zum Angriff.
Der riesengroße Troll hatte sich gerade unter einen Baum fallen lassen, um eine Weile zu dösen. Dieses süße Naschzeug, das er mit seinen Fingern kaum aus den winzigen Schälchen bekam, machte ihn müde. Er gähnte und schloss die Augen. Deshalb bemerkte er nicht den grünblauen Schwarm, der sich ihm näherte.

Einige Minuten später stürzten sich die Elfen auf ihn. Sie zogen ihn an den Haaren, und sie kniffen ihm in die Haut.

Erst zuckte der Troll nur ein bisschen, als wollte er eine lästige Fliege verscheuchen. Aber die Elfen kitzelten ihn mit Grashalmen in den riesigen Nasenlöchern und schossen ihm Löwenzahnsamen in den Mund. Da fing der Troll so laut an zu husten und zu niesen, dass die Bäume wackelten. Die Elfen ließen nicht locker und flatterten ihm vor die Wimpern und in die Ohren. Jetzt wurde der Troll wütend und schlug mit seinen Händen wild um sich. Doch die Elfen wichen geschickt aus und piksten ihn mit Tannennadeln in die Waden. Endlich nahm der Troll Reißaus. Laut schimpfend rannte er in den dunklen Wald.

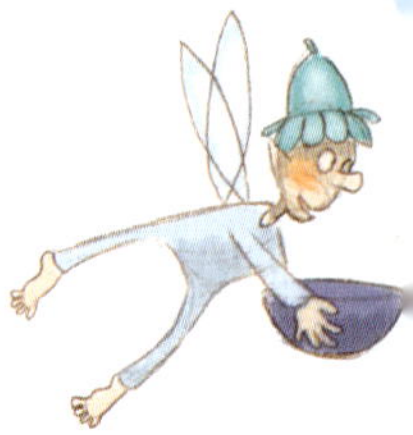

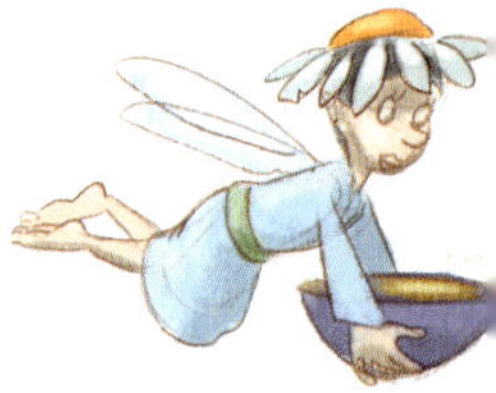

Glücklich fielen die Elfen einander in die Arme. Dann schnappten sie sich die noch vollen Schüsselchen und trugen sie an einen sicheren Ort, bevor der Troll zurückkam. Und diesmal wählten sie ein Versteck, das wirklich niemals irgendjemand entdecken konnte, der keine Elfe war.

„Ich danke euch, mein liebes Elfenvolk", rief die Elfenkönigin am Abend von

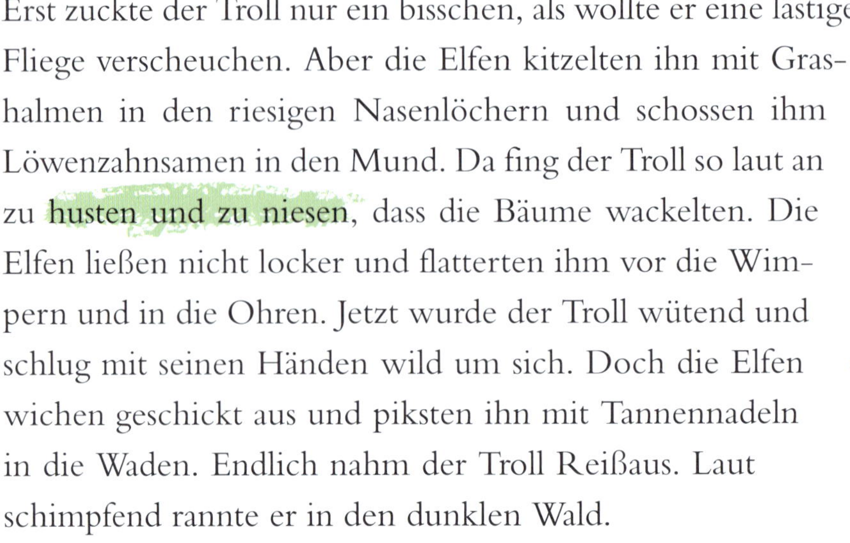

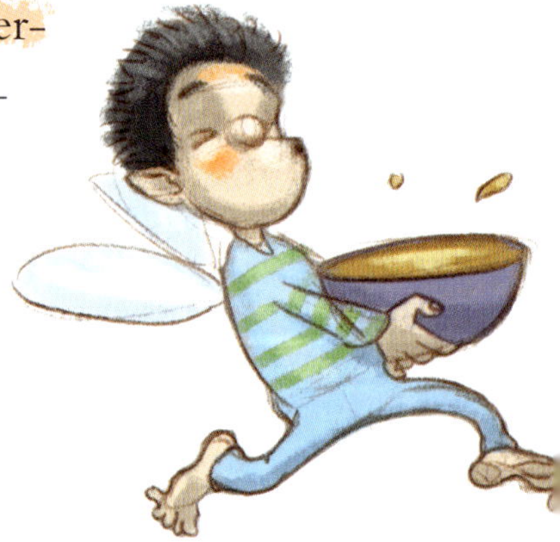

ihrem Balkon. „Und nun feiert mit mir das rauschendste Fest, das
der Elfenwald je gesehen hat!" Die Elfen jubelten ihr zu. Gleich
darauf fiedelten die Musikelfen ein fröhliches Lied, und die blauen,
grünen, gelben, roten, rosa und lila Elfen tanzten im Mondlicht, bis
der Morgen dämmerte.

Ein zauberhafter Elfenstab

Kleine Elfen-Zauberstäbe können gegen einen riesigen Troll nicht
viel ausrichten. Aber wenn du einen großen Zauberstab hättest,
könntest du ihnen helfen!

Du brauchst
einen Stock
Alufolie
eine Feder
Klebefilm oder Wollrest

So wird's gemacht
Bastle dir einen Elfen-Zauberstab: Umwickle einen Stock mit
Alufolie. Klebe oder binde eine Feder ans obere Ende. Nun kannst
du loszaubern!

Wer glaubt schon an Gespenster?

Mika gruselte sich, als er die Inschrift des dicken, alten Mauersteins am Eingang der Burg las. „Ach, das soll doch nur die Besucher der Burg erschrecken", meinte sein Papa und saugte am Strohhalm seiner Saftflasche. Mika nickte. „Schon klar", murmelte er. Seltsam war ihm trotzdem zumute. Vor allem, weil Papa und er scheinbar die einzigen Besucher auf der Burg waren. Der alte Innenhof war menschenleer.

Da entdeckte Papa eine verkleidete Dame, die hinter einer der dicken Türen verschwand. „Ich bin gleich wieder da", sagte er zu Mika und lief ihr nach. Als er zurückkam, freute er sich: „Die Führung kostet gar nichts", sagte er fröhlich. „Weil wir die einzigen Gäste sind, führt das Burgfräulein uns umsonst herum. Toll, nicht?" Mika nickte zaghaft. Papa beugte sich grinsend vor und flüsterte: „Die ist wirklich schlecht verkleidet und viel zu blass geschminkt. Soll das echt aussehen?" Er zog Mika hinter sich her in das dunkle Gemäuer. Mika standen die Nackenhaare zu Berge. Er hielt Papas Hand ganz fest. Nur wenig Licht schien durch die schmalen Fenster der Burg. Obwohl es draußen hell und sonnig gewesen war, zog hier ein eisiger Luftzug durch die Flure. Mika fror.

Das Burgfräulein führte sie schweigend die Gänge entlang. Mika wurde es von Minute zu Minute mulmiger. „Papa“, flüsterte er. „Hier stimmt was nicht.“ Sein Papa nickte. „Da hast du recht“, brummte er. „Die sollten sich eine bessere Führung überlegen.

Wie viele Fenster zählst du?

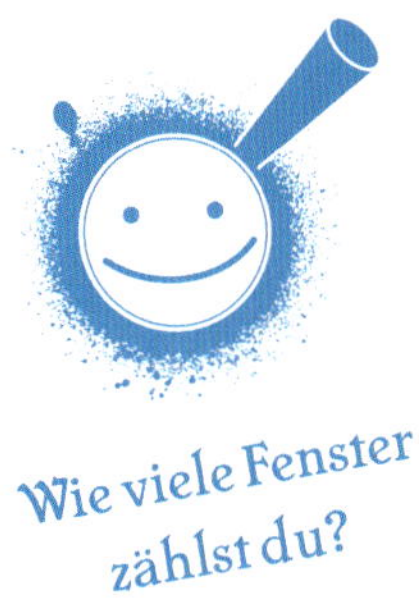

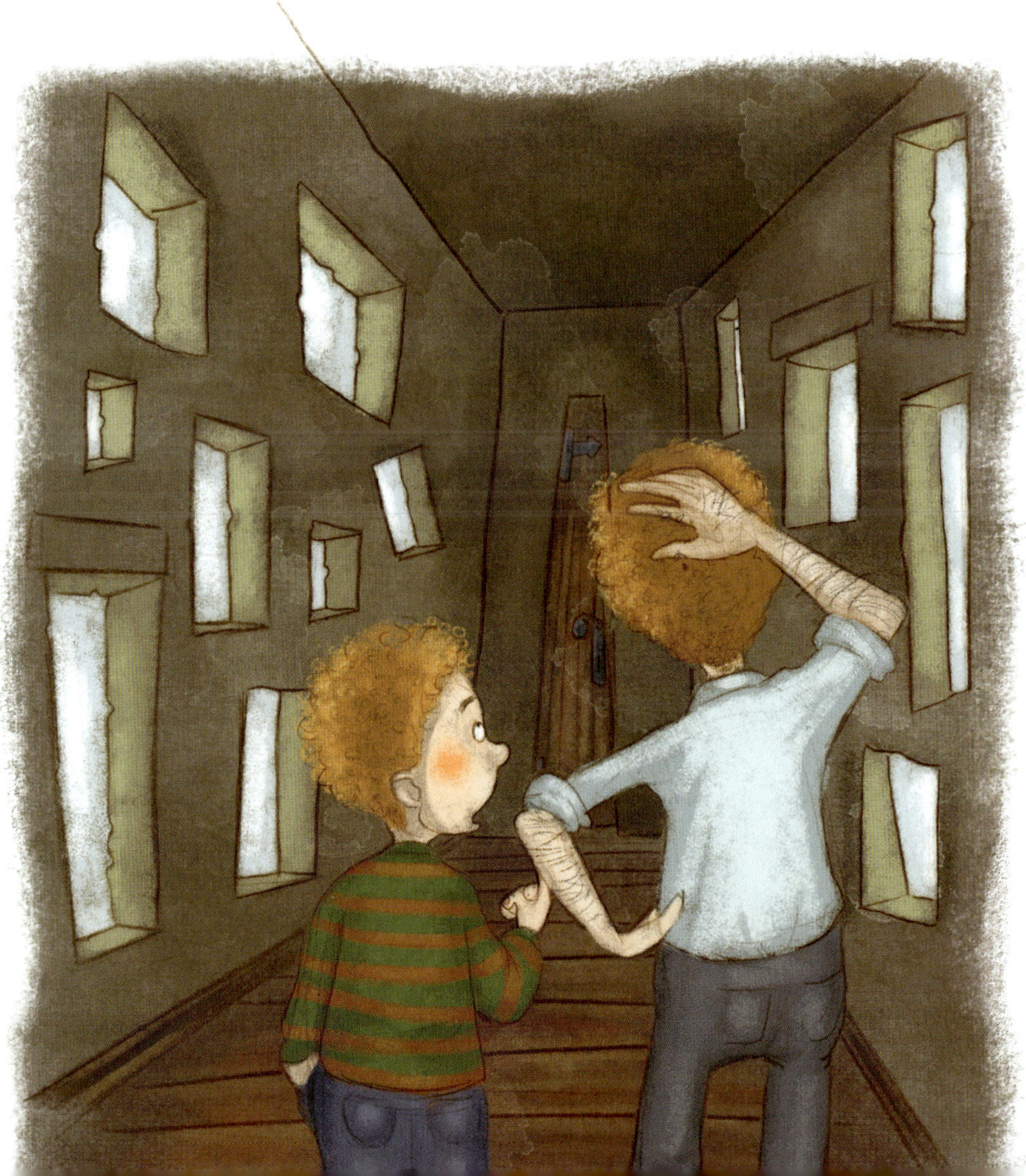

Hier sieht man ja gar nichts." Sorglos stieg er die Stufen der dunklen Wendeltreppe hinauf. Mika zog an seiner Hand. „Papa, wir müssen sofort umdrehen", wisperte er eindringlich.

„Von wegen", schimpfte sein Vater. „Jetzt will ich auch sehen, wohin sie uns führt."

Sie stiegen immer höher. Mika wollte umkehren, aber er wollte auch nicht allein sein, also ging er seinem Papa hinterher. Inzwischen war es so dunkel, dass sie kaum noch etwas erkennen konnten. „Papa", zischte Mika. „Wir sind die einzigen Besucher hier, und die Frau redet nicht – es geht hier nicht mit rechten Dingen zu. Es spukt!" Papa lachte. „Ach Unsinn, Mika, du …" Er riss die Augen auf. Das Burgfräulein war gerade direkt vor ihnen durch

die geschlossene Eisentür geschwebt. „Wie hat sie das gemacht?", fragte Papa und kratzte sich am Kopf. Mika erstarrte. Aber Papa lachte nur. „Mika, du glaubst doch nicht an Gespenster?"

Plötzlich sah Mika, wie sich hinter seinem Papa ein freundlich lächelndes weißes Gesicht durch die Eisentür schob. Es zwinkerte Mika freundlich zu. Dann schwebte der Rest des dicken Gespenstes hinter Papa in die Höhe und zog ihn an den Haaren. Das Gespenst kicherte. Und auf einmal hatte Mika keine Angst mehr. Die wollten nur spielen! „Papa", sagte er grinsend. „Da ist ein Gespenst in deinen Haaren." Papa zog die Augenbrauen hoch. „Aber Mika, das ist doch jetzt wirklich Blödsinn. Gespenster gibt es nicht." Er sah nach oben. Er wurde blass. Er sah Mika an. Er wurde noch blasser. Er sah wieder nach oben. Dann schrie er: „Gespenster!" Hastig versuchte er, die Treppe runterzurennen, stieß sich den Kopf an den Steinen und kippte um. Lachend half Mika ihm wieder auf. „Die wollen nur spielen", versicherte er seinem Papa. Mit aller Kraft öffnete er die schwere Eisentür und spähte hinein. Die Gespenster hatten sich wirklich Mühe gegeben. Der große Saal war mit Blumen und Kerzen geschmückt,

der Tisch war festlich gedeckt. Schwere Samtvorhänge hielten den Wind draußen, und im Kamin knisterte ein Feuer. Zwei schmale Gespenster mit weißen Perücken spielten auf ihren Geigen, als das Burgfräulein zu ihnen trat. „Willkommen, liebe Gäste", sagte sie freundlich. „Ihr seid unsere ersten Besucher seit hundert Jahren. Setzt euch doch."

Leider gab es nicht wirklich etwas zu essen, denn Gespenster brauchen nun mal keine Nahrung. Mikas Papa machte es sich bald vor dem warmen Kamin gemütlich. Mika aber tanzte mit den kleinen Gespensterkindern um den Tisch. Lustig purzelten sie über ihn, als er stehen blieb, und kitzelten ihn mit ihren weißen Fingern.

Beim Versteckspielen gewannen sie, sie wussten eben die besseren Verstecke. Außerdem konnten sie einfach durch die Wände davonschweben oder sich in eine Vase quetschen – das gelang Mika natürlich nicht.

Kannst du alle sieben Gespensterkinder entdecken?

Erst als es draußen dunkel wurde, verabschiedeten Mika und Papa sich. Traurig führten alle Gespenster sie zu ihrem Auto und winkten ihnen hinterher.

Papa lenkte das Auto über den holprigen Weg voller Schlaglöcher zurück zur Landstraße. Als er abbog, entdeckte Mika im Rückspiegel, dass das dicke Gespenst ihnen nachgeflogen war. Er drehte sich um und sah durch das Rückfenster, wie das Gespenst das Straßenschild „Zur Museumsburg" umdrehte, sodass der Pfeil in die andere Richtung zeigte. Auf der Rückseite des Schildes wies ein Pfeil in die Richtung, aus der sie gekommen waren. Daneben stand: „Burgruine. Betreten verboten." Das Gespenst zwinkerte Mika noch einmal zu, dann verschwand es. Mika lachte.

„Was ist?", fragte Papa.

„Ach nichts", sagte Mika. „Ich freue mich nur schon auf unseren nächsten Ausflug!"

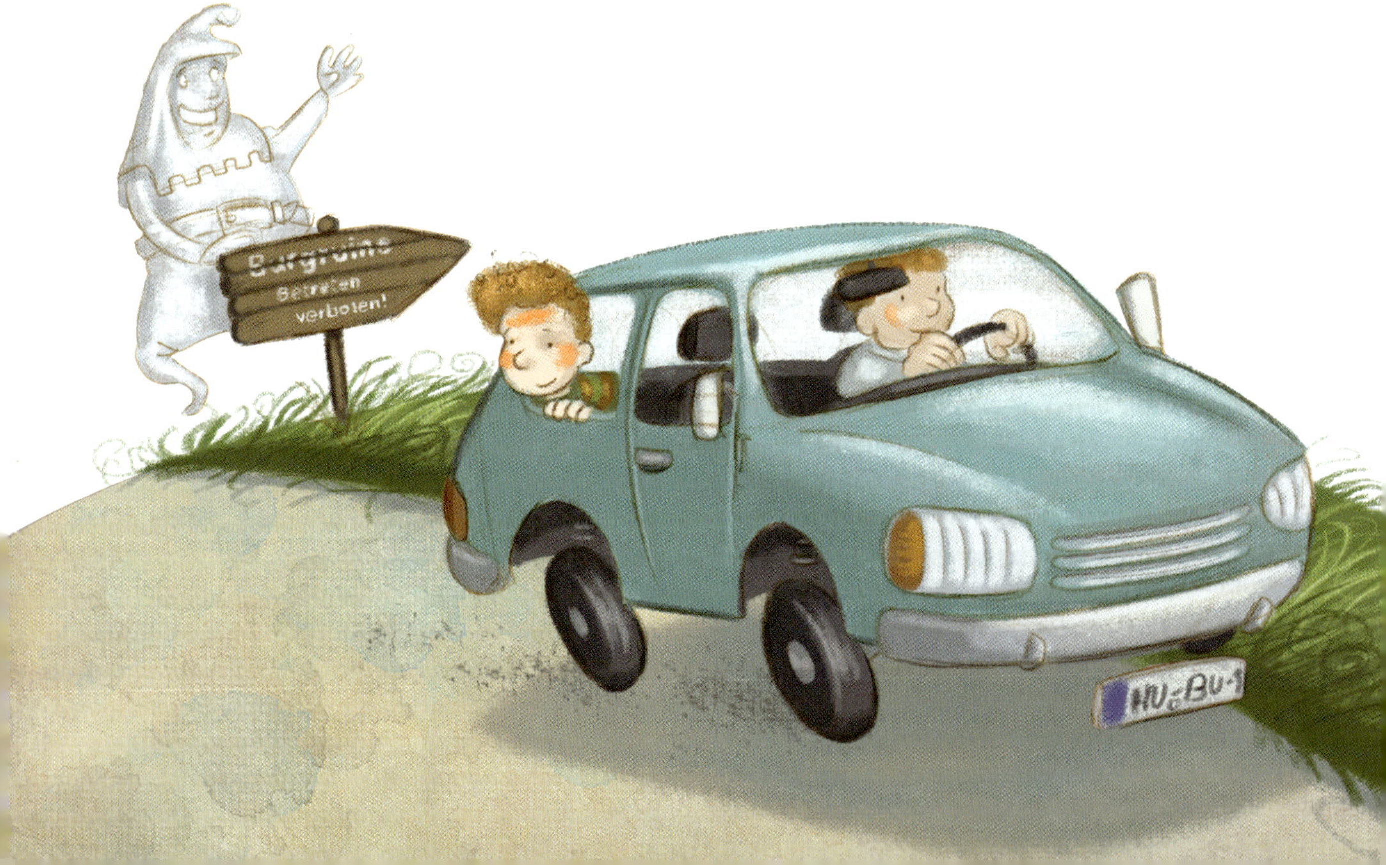

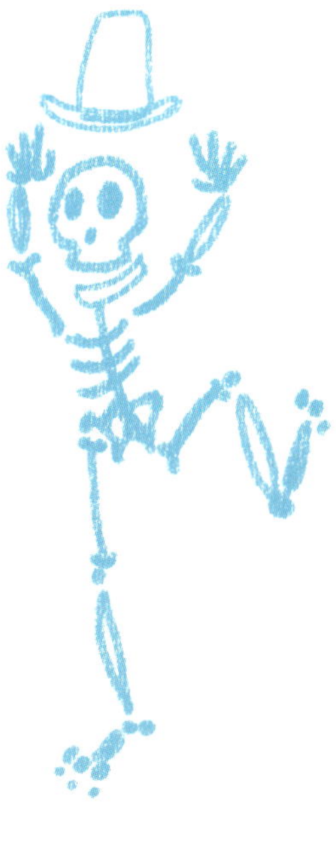

Gespenster-Party

Du möchtest zwischen lauter Gespenstern tanzen? Kein Problem, auf geht's!

Du brauchst
Straßenkreide

So wird's gemacht
Lauf nach draußen und male viele bunte Gespenster auf den Gehweg oder eine geschützte Auffahrt. Es geht ganz leicht, du musst nur eine kurze waagerechte Linie ziehen und dann die beiden Enden mit einem großen, schmalen Bogen nach oben verbinden. Zwei Kreise sind die Augen und ein zittriges Oval der Mund. Hui-buh!

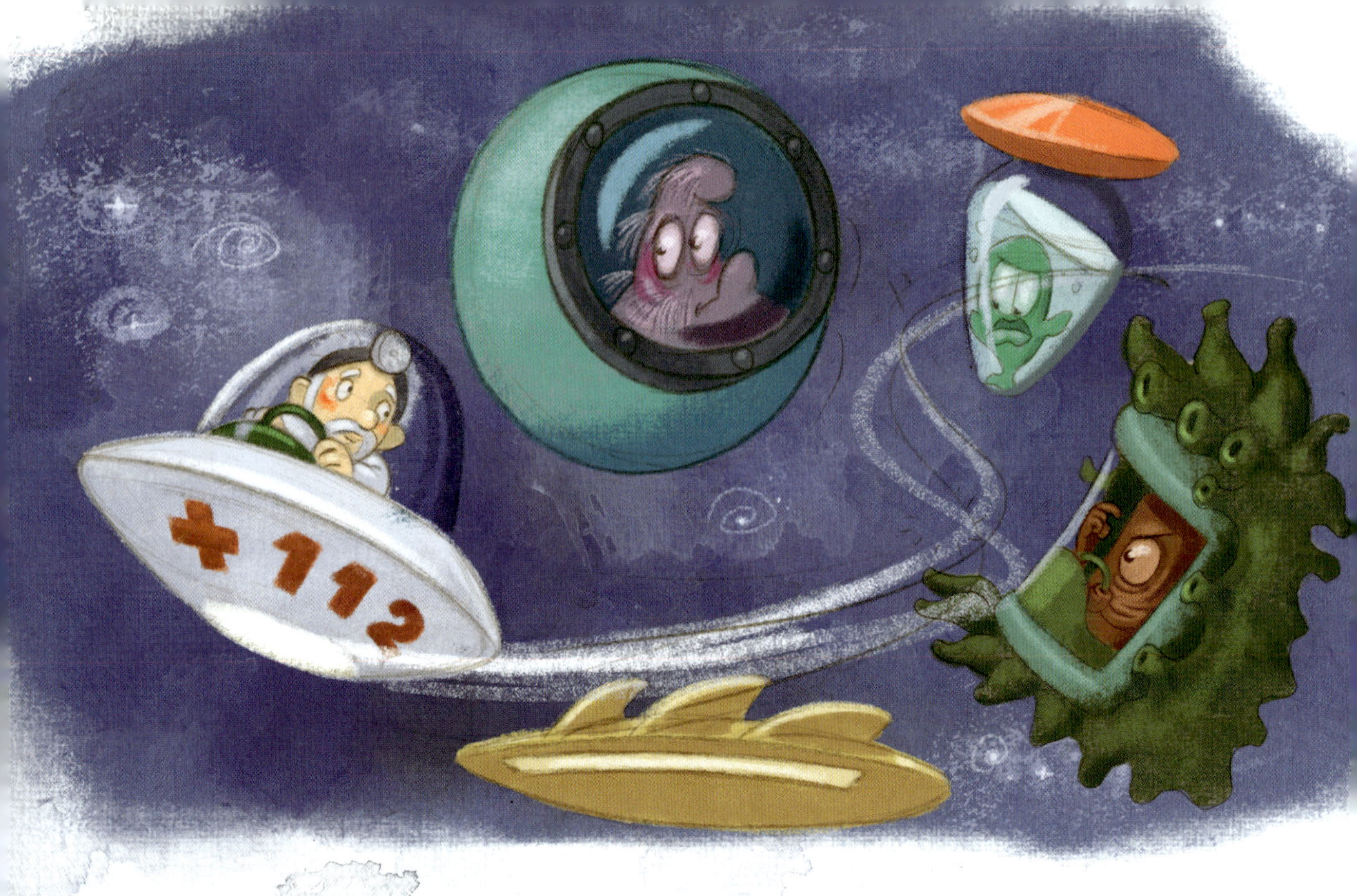

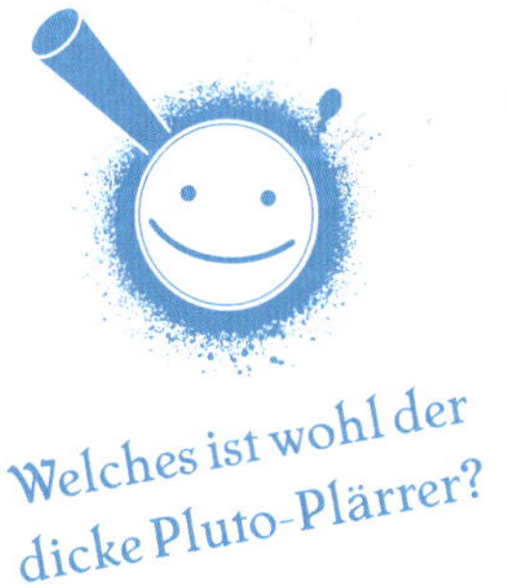

Doktor Fritjof und die außerirdischen Notfälle

Welches ist wohl der dicke Pluto-Plärrer?

Wiwuwi-wiwuwi! Wenn Fritjof Flitz mit seinem Ufo vom Mars zur Venus jagt, machen alle anderen Außerirdischen ganz schnell Platz. Sogar der dicke Pluto-Plärrer in seinem kugeligen Raumschiff räumt den Weg frei. Denn Fritjof ist der beste Arzt im ganzen Universum. Er kennt sich mit allen galaktischen Krankheiten aus und weiß genau, wie man Mars-Punktitis heilt oder was bei Sternenkopfweh hilft.

Gerade landete Fritjof auf der Venus. Hier war es ganz schön heiß. Überall blubberte und brodelte es. Blitzschnell zog der Arzt seine Hitzeschuhe an, griff den Notfallkoffer und sprang aus seinem Ufo. Die Venusbewohner erwarteten ihn schon aufgeregt.

Eilig führten sie ihn zu ihrem König, der krank auf seinem Bett lag. Fritjof untersuchte ihn besorgt. Die königlichen Tentakel hingen schlapp auf dem Kopfkissen, seine Arme waren blau vor Kälte, und die drei Füße dampften vor Hitze. „Du hast Eisfieber", stellte Fritjof fest. „Da gebe ich dir am besten gleich fünf Tropfen Milchstraßensaft." Vorsichtig träufelte er die Medizin auf die königlich pinke Zunge. Der König schloss erschöpft die Augen. Im Nu war er eingeschlafen.

„Der König braucht jetzt Ruhe", flüsterte Fritjof den anderen zu. „Morgen geht es ihm besser."

Dankbar trugen ihm die kleinen roten Außerirdischen seine Doktortaschen bis zum Ufo zurück. Gerade als Fritjof einsteigen wollte, um zum Mars zurückzufliegen, gab es einen intergalaktischen Knall.

„Was war das?", wisperten die Venusbewohner erschrocken. Vom Nachbarplaneten Merkur stieg eine riesige Wolke auf. Doktor Fritjof schnallte sich rasch an und düste los.

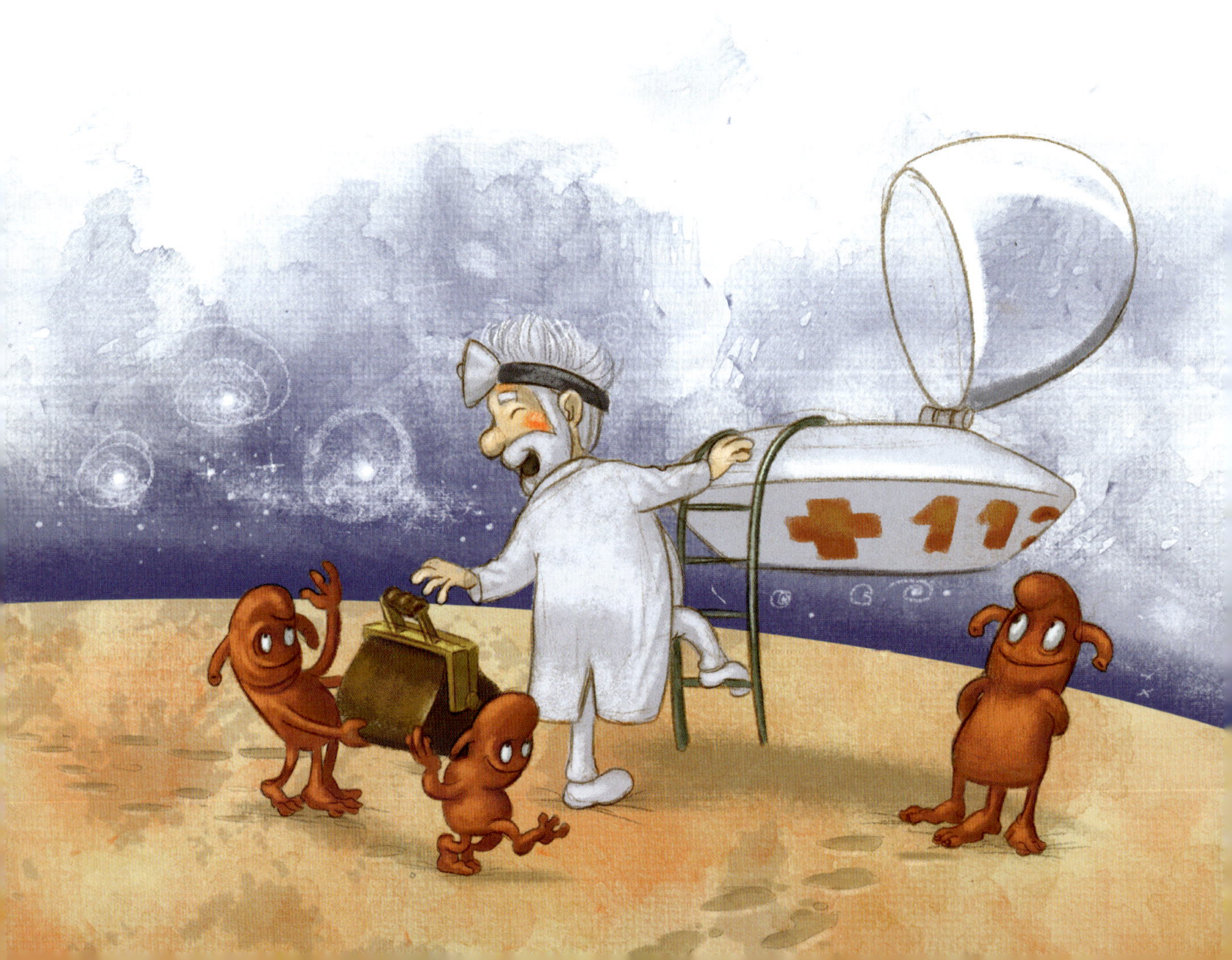

Schon bald sah er die Bescherung: Der dicke Pluto-Plärrer hatte mit seinem Raumschiff den Merkur gerammt. „Also, dem muss man wirklich den Führerschein wegnehmen!", schimpfte Fritjof, während er vorsichtig neben dem Einschlagskrater landete.

Der Pluto-Plärrer kroch aus dem kaputten Raumschiff heraus. Sein Körper zitterte, und das Fell stand ihm zu Berge. „So k–k–k–kalt hier bei N–N–N–Nacht", stotterte er. Fritjof überlegte. Wie konnte er ihn nur wärmen? Sein Ufo war zu klein, um den dicken Pluto-Mann woanders hinzubringen. Also legte ihm Fritjof erst mal eine Decke um und verband seinen Arm, aus dem ein biss-chen grünes Blut tropfte. Er brauchte dafür elf Rollen Verband,

45

weil die Arme der Plutobewohner vier Meter lang sind. Der Pluto-Plärrer stöhnte. „Ich fahr nie wieder Raumschiff", sagte er. „Versprochen!" Plötzlich bemerkte Fritjof eine Bewegung am Himmel. „Was kommt da?", fragte er verwirrt, denn etwas Großes schien rasend schnell im Zickzack Richtung Boden zu fallen. „Schnell, wir müssen weg hier", rief Fritjof. Aber Pluto-Plärrer lachte. „Mami", rief er entzückt.

Mit einem gewaltigen RUMS! landete ein riesiges Kugelraumschiff neben den beiden, noch viel größer als die Kugel vom Pluto-Plärrer. Eine dicke Pluto-Frau kam herausgerannt. „Pluto-Plärrchen", rief sie erleichtert, nahm ihren Sohn auf ihre langen Arme und trug ihn zum Raumschiff.

Doktor Fritjof schüttelte seinen Kopf und grinste. „Unglaublich, was es im Universum so alles gibt!" Er winkte den beiden, stieg wieder in sein Ufo und sauste davon – seinem nächsten Notfall entgegen.

Das Super-Ufo

So ein Notfall-Ufo muss mit Lichtgeschwindigkeit fliegen! Probier doch mal, wie schnell du ein Ufo fliegen kannst.

Du brauchst
zwei Pappteller
einen Tacker
Alufolie
Klebefilm
einen wasserfesten Stift

So wird's gemacht
Lege die Pappteller mit den Innenseiten aufeinander und tackere sie am Rand mehrmals zusammen. Lass dir dabei von einem Erwachsenen helfen.

Wickle das Ufo nun in Alufolie ein. Klebe die Alufolie sofern nötig mit Klebefilm fest. Nun kannst du noch Fenster malen oder einen Namen auf dein Ufo schreiben. Und dann: Wirf es wie eine Frisbeescheibe und lass es fliegen! Wiwuwi, wiwuwi!

Blöde bunte Felldingsdabumse

In diesem Jahr waren Monster beliebt. Ina konnte das nicht verstehen. Sie fand Monster richtig blöd. Plötzlich wollte jeder so ein kleines, haariges Ding haben. In allen Farben wurden sie durch die Straßen spazieren geführt. Einige Kinder brachten ihre Monster sogar mit in den Kindergarten. Und frech waren diese Monster! Manchmal schauten sie aus den Taschen der Kinder hervor und sprangen außer Rand und Band durch den Flur. Dann mussten alle

Kinder suchen helfen. Monster sind nämlich ganz anders als Hunde, sie hören kein bisschen auf ihre Besitzer.

Zum Glück beißen sie wenigstens nicht, dachte Ina, als Mama sie gerade vorm Kindergarten abgesetzt hatte. Ein oranges Monster schnupperte an ihrer Hose. „Aus!", rief Ina und schaute das Monster streng an. Jaulend huschte es zu seiner Besitzerin. Oh, das war ja ihre beste Freundin Jula!

„Mensch, Ina", sagte Jula beleidigt. „Jetzt hast du ihn erschreckt." Sie nahm das zottelige Monster auf den Arm. „Ist doch sooo süß, oder?" Jula lächelte. Doch Ina schüttelte den Kopf. „Nee, überhaupt nicht. Monster sind zottelig und grauselig und machen immer Faxen." Ina wollte nicht, dass ihre beste Freundin jetzt auch so ein haariges Ding hatte! „Ich dachte, du magst keine Monster", sagte sie. Jula schüttelte den Kopf. „Ach, das hab ich doch nur so gesagt, weil ich keins haben durfte. Aber seit ich Gürkchen bekommen habe, find ich ihn natürlich toll", sagte Jula. Ina sah ihre Freundin verwirrt an. „Gürkchen?", fragte sie. Jula nickte stolz. „So heißt er. Weil er am liebsten Gurken mag. Putzig, oder?"

Das fand Ina gar nicht. Diese Monster hatten alle so seltsame Namen. Lukas' Monster hieß Möhrchen, Anna nannte ihr Monster Brötchen, und Inas Nachbar rief sein Monster Fleischbällchen.

Ina seufzte und ging durch die Eingangstür in den Kindergarten. Sie musste über vier Leinen steigen und wäre fast auf ein blaues Monster getreten. „Pass doch auf Pfläumchen auf", zischte ein Mädchen sie an. „Pfläumchen?", rief Ina. Das war zu viel. Sie bekam einen Kicheranfall. Sie lachte so sehr, dass sich ihre Beine in

Welche Farben haben die anderen Monster?

Wie würdest du dein Monster nennen?

49

den vielen Leinen verhedderten. Plumps, fiel sie auf den Boden.
Die vielen kleinen Monster dachten, Ina wolle spielen, und sprangen glucksend an ihr hoch, pusteten ihr ins Ohr und zupften an
ihrer Nase. Bald rollte Ina mit acht bunten Fellknäueln auf dem
Boden herum, während sie ihre Beine aus den Leinen befreite.
„Stopp!" Eine laute Stimme erklang. Sofort sprangen alle Monster
zu ihren Kindern zurück. Nur Ina lag noch auf dem Boden. „Ina,
was soll denn das?", fragte Frau Krause, die Leiterin des Kindergar-
tens.
„Ich hab doch gar nichts gemacht", murmelte Ina, während sie
aufstand. Überall an ihren Sachen hingen bunte Fellhaare. Sie sah
beinahe selbst aus wie ein Monster. „Ina, Monster dürfen nur mit
in den Kindergarten, wenn sie sich auch benehmen", sagte Frau
Krause streng. Sie drehte sich um und ging zurück in ihr Büro.
„Aber ich hab ja gar kein Monster!", rief Ina. Doch die Tür war
schon zu. Frau Krause hörte sie nicht mehr. Na, das war ja mal
wieder super unfair, fand Ina. Die anderen Kinder liefen in ihre
Gruppenräume. Ina setzte sich unter ihren Garderobenhaken. Lus-
tigerweise war Inas Garderobenbild ein kleines Monster. Bevor es
überall Monster gab, hatte Ina das gut gefunden. Aber jetzt …
Wütend versuchte Ina, das Holzschild abzuknibbeln.

„Ina, was tust du da? Du kannst doch die Garderobe nicht kaputt machen“, sagte Susanne. Die Erzieherin stand hinter ihr.

„Aber ich …“ Ina machte den Mund wieder zu. Es wollte ja sowieso niemand zuhören! Susanne kniete sich vor sie und schaute sie freundlich an. „Ist irgendetwas nicht in Ordnung?“ Ina sah sich um, ob auch niemand lauschte. „Ich mag keine Monster“, flüsterte sie. Susanne schmunzelte. Dann sah auch sie zu allen Seiten und flüsterte zurück: „Ich auch nicht.“ Die beiden kicherten verschwörerisch.

Susanne nahm Ina an die Hand, und sie gingen in den Gruppenraum. „Guten Morgen, liebe Kinder“, rief Susanne. „Ab heute sind im Gruppenraum keine Monster mehr erlaubt. Ihr könnt sie gleich in den Monsterlaufstall im Flur bringen.“ Die anderen Kinder schimpften und bettelten, aber Susanne schüttelte nur den Kopf. „Nein, sie bringen zu viel durcheinander.“ Ina seufzte zufrieden. Endlich war das vorbei mit den blöden Fellknäueln.

Der Kindergartentag verlief wie früher, bevor es Monster gegeben hatte. Ab und zu hörte Ina noch ein Fiepen und Fauchen, ein Grunzen und Glucksen vom Flur, doch sonst war alles wie immer. Es gab einen Morgenkreis mit Singen und Spielen, dann puzzelte Ina mit Anne und baute eine Polizeistation mit Lukas. Nur Jula spielte nicht mit ihr. Sie hatte gesehen, dass Ina mit Susanne gekichert hatte, und war sauer. „Nur wegen dir dürfen wir heute nicht mit unseren Monstern spielen“, zischte sie, als Ina mit ihr frühstücken wollte. Traurig setzte Ina sich allein an den Frühstückstisch. Es war schön ohne Monster – aber überhaupt nicht schön ohne Jula.

Nach dem Frühstück stand Ina auf. „Ich geh mal zum Klo", sagte sie. Susanne nickte. Ina lief durch den Flur zu den Toiletten, huschte in eine Kabine und machte Pipi. Plötzlich fiepte etwas neben ihr. Ina sah sich um. In der Ecke lag eine leere Klopapierrolle, aus der etwas Rotes hervorblitzte. Ina zog die Hose hoch und spülte. Neugierig beugte sie sich hinunter. Die Klopapierrolle zitterte. Das rote Zeug, was daraus hervorschaute, war Fell! Es war ein kleines Monster, das sich vor Angst verkrochen hatte! „He, Kleiner, du brauchst dich nicht zu fürchten", flüsterte Ina. Sie nahm die Klopapierrolle in die Hand und schaute hinein. Zwei ängstliche Augen sahen sie an. „Alles ist gut", wisperte Ina und summte leise

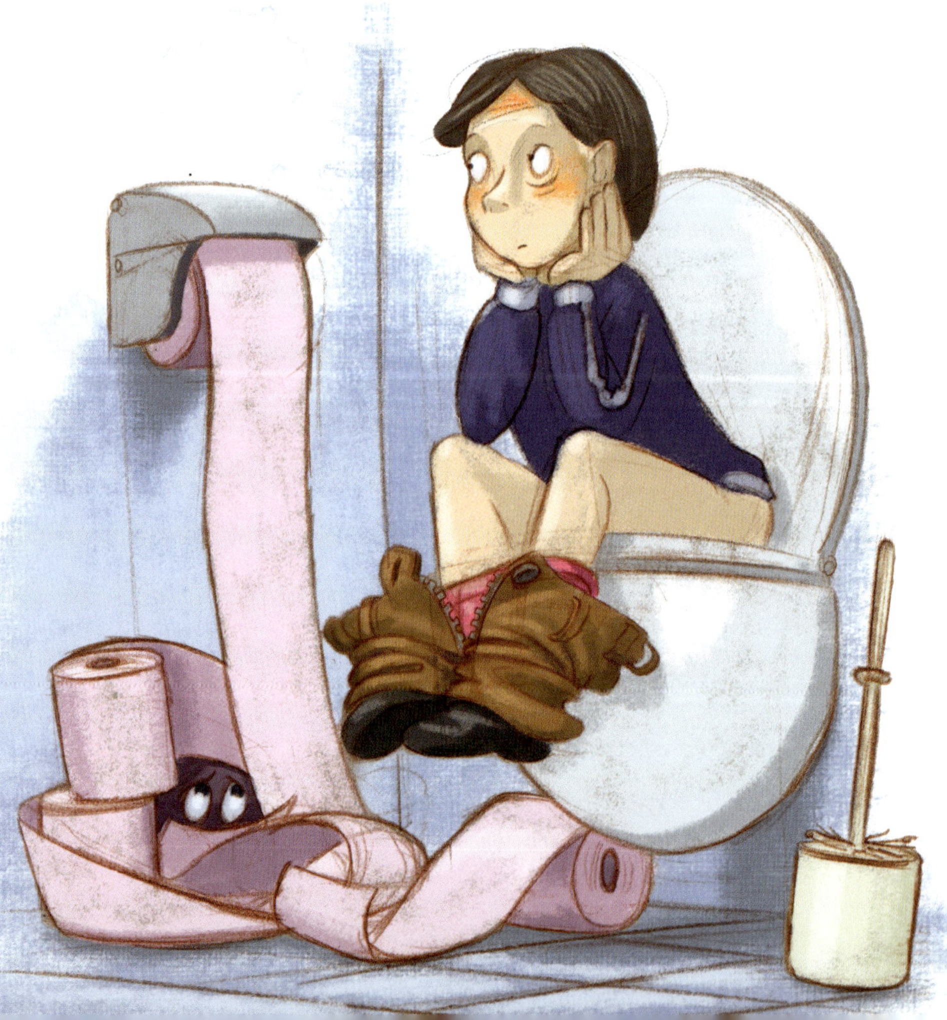

Heile, heile Gänschen, damit das Monster sich beruhigte. Als Ina ihre Hand vor die Rolle hielt, kratzte es in der Pappe, und ganz langsam kroch das Monster auf Inas Handfläche. Mit großen Augen blickte es zu Ina hinauf. Es zitterte noch immer. Erst als Ina es mit beiden Händen beschützte und an ihre warme Wange drückte, wurde es ruhiger. Schließlich hörte Ina, dass es leise schnurrte. Als sie ihre Hände öffnete, hatte das Monster seine Augen geschlossen: Es schlief. Ina lächelte. Wie süß.

Ups! Ina stutzte. Fand sie etwa ein Monster niedlich? Ja, so war es! Es war ganz furchtbar niedlich und putzig und weich und sooo süß. Langsam ging Ina zu ihrem Gruppenraum. Sie wollte ja nicht, dass das kleine Monster aufwachte. Sie steckte den Kopf durch die Tür. „Susanne, kommst du mal?", rief sie. Die Erzieherin nickte und trat zu ihr auf den Flur. „Alles gut?", fragte sie besorgt. Ina grinste. „Schau mal!" Sie öffnete die Hände. Susanne zuckte zurück. „Huch, wo hast du das denn gefunden?" Ina schloss die Hände wieder. „Unterm Klo", erklärte sie. „Es hatte Angst. Aber als ich es beschützt habe, wurde es ruhig, und jetzt schläft es. Und … ich finde es niedlich."

Susanne sah sie ungläubig an. „Zeig noch mal", sagte sie. Lange schaute sie auf das rote Fellknäuel. Erst dann traute sie sich, es vorsichtig zu streicheln. „Es ist wirklich weich", flüsterte sie. Ina nickte. Die Erzieherin lächelte. „Vielleicht sollten wir ein bisschen mit den Monstern spielen und sie kennenlernen, was meinst du?" Ina lachte. „Ja, vielleicht mögen wir sie dann sogar." Gemeinsam suchten sie nach dem Frauchen des roten Monsters und gaben es ihr

zurück. Den Rest des Vormittags hockten alle Kinder vor dem Monsterlaufstall im Flur und spielten mit den bunten Felldingern. Bald fand auch Susanne die Monster recht putzig.

„Ich glaube, ich möchte jetzt auch eins haben", sagte Ina, als der Kindergarten zu Ende war. Susanne nickte. „Das habe ich eben auch gedacht." Ina schaute in den Laufstall. „Ich denke, ich wünsche mir ein weißes. Das nenne ich Schneeflöckchen." Susanne lächelte. „Nicht Knödelchen oder Quarkchen oder Törtchen?" Ina runzelte die Stirn. „Ganz bestimmt nicht. Das finde ich nämlich immer noch blöd." Da musste Susanne lachen.

Ina rannte schnell zu Jula, um ihr alles zu erzählen. Und natürlich auch, um Gürkchen, ihr kleines Monster, ausgiebig zu streicheln und zu knuddeln.

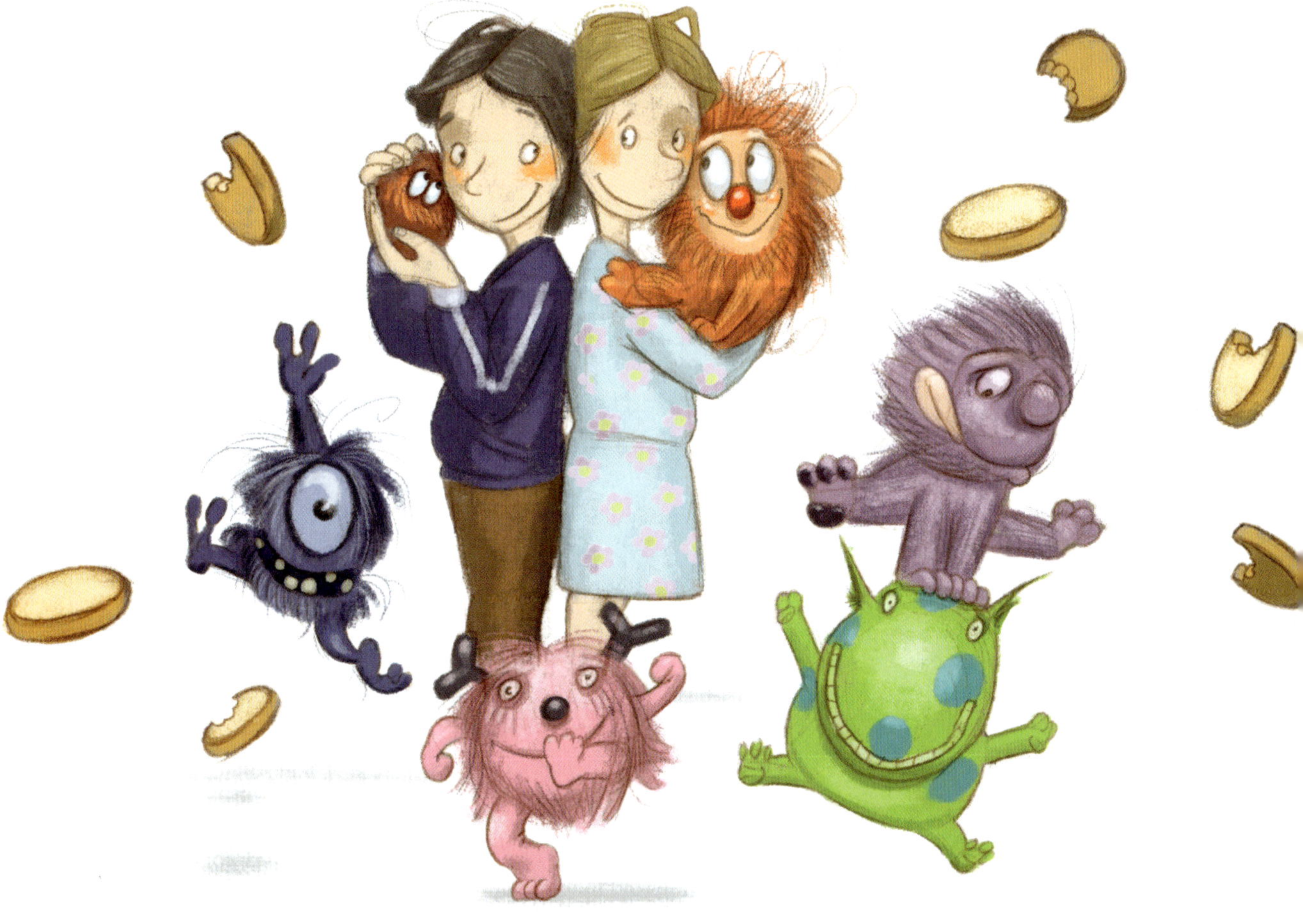

Dein eigenes Monster!

Sicherlich möchtest du auch zu gern so ein kleines, freches Monster haben, nicht wahr? Also los!

Du brauchst

Wollreste
zwei Pappscheiben mit Loch (Pappscheiben ca. 8 cm Durchmesser)
Pappreste in Weiß, Schwarz und Rot
eine Schere
Kleber

So wird's gemacht

Fädle einen Pompon: Wickle so lange Wolle um die zusammengelegten Pappscheiben, bis du nicht mehr durch das Loch in der Mitte kommst. Schneide nun zwischen den Pappscheiben die Wolle rundherum auf. Ziehe zwischen den Scheiben einen Faden entlang, knote ihn fest zusammen und entferne die Pappscheiben. Schneide aus den Pappresten Augen und Mund aus und klebe sie auf den Pompon. Fertig ist dein Monster! Wie heißt es?

Ein echter Trost-Notfall

Eigentlich fand Fredo Einkaufen schrecklich langweilig. Immer nur hinter Mama herlaufen und warten, das war wirklich zu blöd. Heute jedoch durfte er zu den Süßigkeiten vorlaufen und sich etwas aussuchen. Das gefiel Fredo sehr!

Lange stand er vor dem Süßigkeiten-Regal und überlegte, ob er lieber Lakritzschnecken oder Lutscher nehmen sollte. Gerade als er von ganz unten die Tüte mit den Schnecken greifen wollte, zischte es unter dem Regal. Fredo erschrak und machte einen Schritt zurück. Was konnte das gewesen sein? Ob da irgendetwas Elektrisches war? Weißer Rauch stieg unter dem Regal hervor, und die Luft roch angebrannt. Fredo erstarrte. Das musste Feuer sein!

In diesem Moment zuckte etwas Grünes, Spitzes über den Boden.
Es sah aus wie … Fredo überlegte … wie … ein Schwanz. Ein Drachenschwanz! Fredo machte noch zwei Schritte rückwärts. Dann
nahm er all seinen Mut zusammen und kniete sich auf den Boden,
um unter das Regal zu spähen. Tatsächlich! Dort saß ein Drache. Er
war nicht sehr groß, ungefähr so klein wie Fredos Kuscheldino.
„Hallo", sagte Fredo. „Wer bist du?" Der Drache fauchte leise.
„Ich bin Kyrion", sagte er und schaute misstrauisch zu Fredo. Fredo freute sich. Der Drache konnte sprechen! „Hast du deine Mama
verloren?", fragte er. Denn wenn einer im Supermarkt seine Mama
verliert, muss man ihm helfen. Der kleine Drache nickte. Eine glitzernde Träne rann ihm über das grüne Gesicht.
Der Arme, dachte Fredo. Entschlossen stand er auf, nahm die Lakritzschneckentüte aus dem Regal und riss sie auf.
Das darf man zwar eigentlich nicht, aber immer-
hin war das hier ein Notfall! Fredo reichte dem
Drachen eine der schwarzen Schnecken. „Magst
du Lakritze?", fragte er. Der Drache nickte.
Vorsichtig kroch er unter dem Regal hervor.
„Ich auch", sagte Fredo. Sie setzten sich auf den
Boden und lehnten sich an das Regal. Gemein-
sam schmatzten sie. Plötzlich musste der kleine
Drache rülpsen – und dabei kam aus seinem
Rachen schwarzer Rauch, geringelt wie eine
Lakritzschnecke! Der kleine Drache schielte
verdutzt, während Fredo sich schlapplachte.

Frau Dürr, Fredos Nachbarin, kam in den Süßigkeitengang gebogen. Sie zog erstaunt eine Augenbraue in die Höhe, als sie Fredo mit dem kleinen Drachen auf dem Boden sitzen sah.

Fredo flüsterte: „Sie heißt Frau Dürr, aber sie ist sooo dick!" Die beiden kicherten. Frau Dürr schnaubte und drehte sich empört um. Dabei schob sie mit ihrem dicken Hintern mehrere Packungen Kekse aus dem Regal, doch sie merkte es gar nicht. Fredo und Kyrion kicherten wieder. Plötzlich hörte Fredo seine Mutter rufen: „Fredo, wo bist du?" Der kleine Drache flitzte erschrocken

58

unter das Regal zurück. „Hab keine Angst, das ist nur meine Mama", erklärte Fredo. Er winkte ihr, als sie um die Ecke kam. Mama entdeckte die geöffnete Lakritztüte und sah Fredo streng an. „Fredo, man darf keine Tüten öffnen, die man noch nicht bezahlt hat", schimpfte sie. Fredo nickte. „Aber es war ein Notfall", sagte er. Mama lachte. „Ein Hunger-Notfall?", fragte sie und wich dem großen Hubwagen voller Dosen aus, der sich an ihnen vorbeischob. Fredo flüsterte: „Nein, ein Trost-Notfall. Ein kleiner Junge hat seine Mama verloren." Mama sah Fredo ernst an. „Ein Junge? Wo ist er jetzt?" Fredo zeigte unters Regal. Mit einer zweiten Lakritzschnecke lockte er Kyrion hervor.

„Du meine Güte", sagte Mama. „Das ist ja …" Sie riss die Augen auf. Doch dann lächelte sie. „Du bist ja der Kleine von Frau Funke. Sie sucht dich hinten bei den Getränken. Komm, ich bring dich hin." Behutsam nahm sie den kleinen Drachen, setzte ihn in den Kindersitz des Einkaufswagens und hob auch Fredo in den Korb.

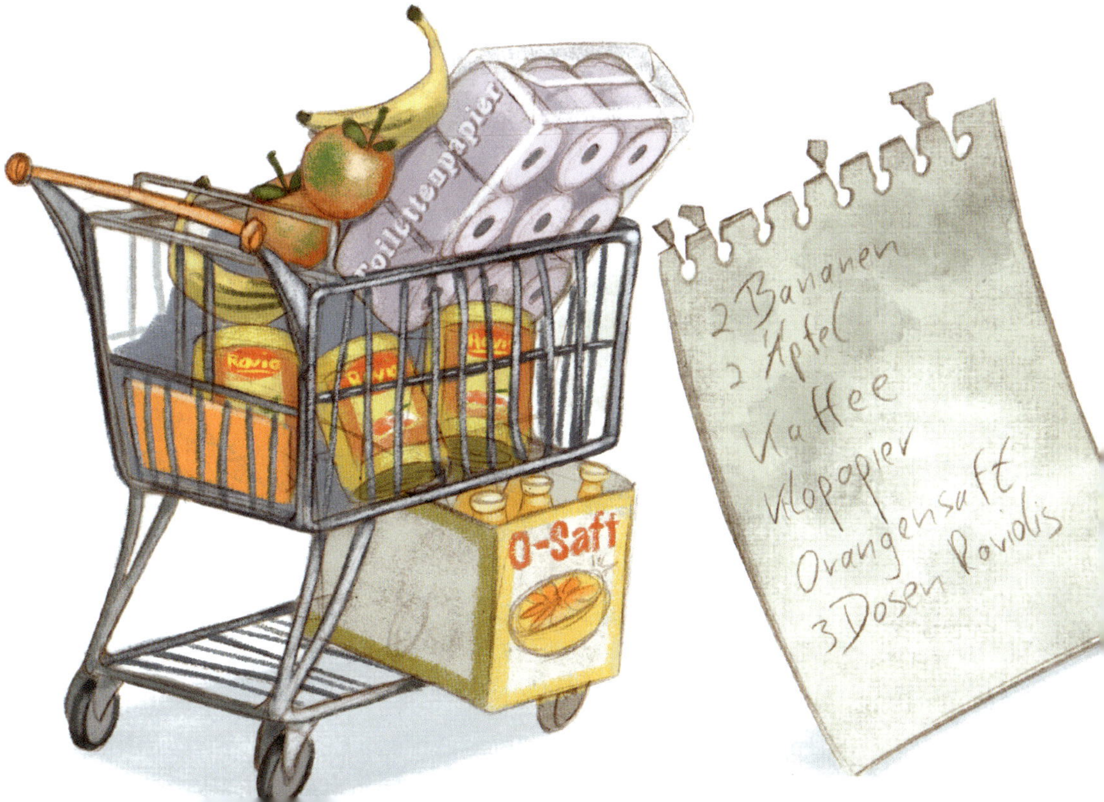

Dann schob sie den Wagen mit so schnellen Schritten durch die Gänge, dass die Regale wackelten.

Vor einer hübschen, aufgeregten Dame blieb sie stehen. „Frau Funke, Fredo hat ihren kleinen Kyrion gefunden." Sofort schloss Frau Funke ihren Drachensohn in die Arme. „Lauf nicht wieder weg, hörst du?", sagte sie sanft und drückte den kleinen Drachen eng an sich. Dabei kamen zwei kleine Rauchwölkchen aus ihrer grünen Drachennase. Kyrion nickte. Er kuschelte sich eng an seine Mama. Fredo winkte ihm zum Abschied.

Auf dem Weg zur Kasse knabberte Fredo eine zweite Lakritzschnecke. „Das hast du gut gemacht, mein kleiner Dino", sagte seine Mama und 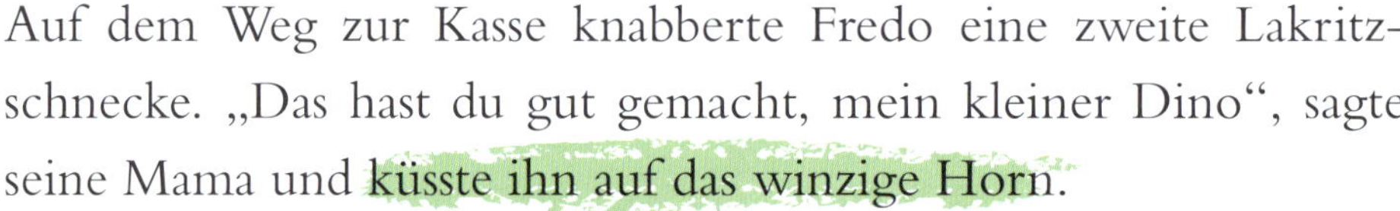küsste ihn auf das winzige Horn.

„Na klar", sagte Fredo. „Wir Dinosaurier helfen doch immer, nicht

wahr, Mama?" Mama nickte. Als sie durch den Süßigkeitengang kamen, legte sie noch eine Tüte Lakritze in den Wagen. „Für Notfälle", sagte sie lächelnd. Fredo freute sich. Und dann versteckte er sich hinter Mama, damit Frau Dürr ihn nicht sah. Die dicke Nilpferddame stand nämlich genau vor ihnen, und Fredo hatte absolut keine Lust, die ganzen Kaugummipäckchen aufzusammeln, die sie gerade mit ihrem Nilpferd-Po aus dem Regal fegte.

Lauter Wunder-Wesen

In so einem wunderlichen Supermarkt wärst du sicher auch gern. Male ihn dir einfach auf!

Du brauchst
viele bunte Wachsmalstifte
ein buntes oder weißes DIN-A4-Blatt

So wird's gemacht
Male etwas aus dem Wunder-Supermarkt: Du kannst einen kleinen Drachen malen oder einen Dino oder andere Fantasiewesen – oder viele bunte Lakritzschnecken kreuz und quer auf das Blatt!

Doktor Krambels geheimnisvoller Trank

Timon wusste, dass er nicht an Opas Schrank durfte. Bei jedem Besuch stand er sehnsüchtig vor den großen Glastüren und schaute hinein. Hinter den blank polierten Scheiben sah er goldene Tiegel und silberne Löffel, uralte Bücher mit samtbezogenen Umschlägen und hölzerne Kästchen, in deren Deckel unbekannte Zeichen geschnitzt waren. Alles sah so geheimnisvoll aus, dass es kaum auszuhalten war.

Plötzlich hörte Timon Opas Schritte auf dem Flur. Schnell versteckte er sich hinter der Tür.

Opa mochte es nämlich gar nicht gerne, wenn Timon alleine in das Arbeitszimmer ging.

Schon schlurfte Opa in seinen karierten Pantoffeln ins Zimmer. Er drehte sich in Timons Richtung und … Timon hielt die Luft an. Doch Opa blieb neben der Tür stehen und öffnete den dunklen Schrank. Timon lugte vorsichtig hinter der Tür hervor. Sein Opa betrachtete die vielen glänzenden Fläschchen und nahm dann einen sehr kleinen Krug heraus. Er nickte zufrieden. Timon zog blitzschnell seinen Kopf zurück. Als Opas Schritte verklungen waren, trat er hinter der Tür hervor. Er riss die Augen auf: Opa hatte die Schranktüren offen gelassen!

Ganz behutsam holte Timon ein schmales Fläschchen mit einer glitzernden blauen Flüssigkeit hervor. Er hatte es schon hundertmal angesehen und Opa sicher ebenso oft gefragt, was daraufsteht, daher wusste er es ganz genau: Doktor Krambels Unsichtbarkeitstrank. Doch da hörte Timon wieder dumpfe Schritte auf dem dicken Flurteppich. Er steckte das Fläschchen in seine Hosentasche und verschwand rasch hinter der Zimmertür. Sein Herz schlug vor Aufregung so laut, dass er glaubte, Opa müsste es hören. Aber der

stellte den kleinen Krug zurück, schloss die Schranktür ab und ging hinaus. Timon atmete erleichtert aus. Das war knapp! Langsam zog er den kleinen Korken aus der Flasche. Was hatte Opa immer erzählt? Man darf nur einen Tropfen davon nehmen, mein Junge. Sonst fällt man in Ohnmacht. Die Wirkung hält eine Stunde an, egal, ob du unsichtbar wirst oder umfällst. Timon hatte nie gewusst, ob er das glauben sollte. Jetzt träufelte er sehr vorsichtig einen Tropfen des Tranks auf seine Hand und leckte ihn ab. Der Tropfen kribbelte auf seiner Zunge. Dann kribbelte es hinter den Ohren. Es fühlte sich an, als würden tausend Ameisen langsam an ihm hinunterlaufen. Plötzlich bemerkte Timon: Er sah seine Hand nicht mehr! Beide Hände! Als er nach unten blickte, waren bereits nur noch seine Beine zu sehen. Je weiter das Kribbeln hinabkroch, desto mehr verschwand von Timon. Ungläubig stellte er sich vor Opas alten Spiegel: wirklich! Timon grinste. Er war ganz und gar unsichtbar.

Sofort lief Timon zu Oma in die Küche. Gespannt stellte er sich direkt neben sie. Tatsächlich! Oma schien ihn nicht zu sehen.

Timon grinste. „Hallo, Oma", sagte er. Aber Oma reagierte gar nicht. Sie schälte weiter in Ruhe Kartoffeln und sang dabei ein Lied aus dem Radio mit.

„Oma", rief Timon lauter. Denn manchmal war Oma schon etwas schwerhörig. Aber nichts geschah. Offenbar war auch seine Stimme unsichtbar geworden. Oje. Hoffentlich änderte sich das später wieder! Timon beschloss, Opa zu suchen. Vielleicht konnte er ihn erschrecken. Wie ein Gespenst! Eilig huschte er aus der Küche.

Timon entdeckte Opa draußen vorm Haus beim Blätterfegen. Er hatte schon einen großen Blätterhaufen aufgeschichtet – und natürlich juckte es Timon in den Füßen. Als Opa sich umdrehte, sprang Timon mit einem kräftigen Sprung in den bunten Berg. Es knisterte und rauschte. „Huch!", rief Opa erschrocken. Er machte einige Schritte rückwärts und sah verdutzt auf das verstreute Laub. „Verflixt, es ist doch gar nicht windig", brummte er und fegte kopfschüttelnd alles wieder zusammen. Er entdeckte eine Eichel

und bückte sich danach. Im selben Moment griff Timon einen Arm voller Blätter, warf sie in die Luft und brüllte: „Herbstregen!" Opa duckte sich. Er konnte Timon nicht hören, aber die Blätter und Eicheln, die auf seinen Kopf prasselten, erschreckten ihn dennoch. Timon kicherte. Opa kniff die Augen zusammen. „Hier geht etwas nicht mit rechten Dingen zu", murmelte er.

Timon beschloss, lieber ein Weilchen Pause zu machen. Er lief über den Rasen zum Haus. Als er sich umdrehte, stand Opa da und sah ihn an. Huch! Timon stolperte rückwärts zum Hauseingang. Seufzend setzte er sich auf die Treppenstufen. Opa kam ihm nach. Doch dann sah er suchend auf dem Boden umher. Was machte er da? Opa schmunzelte. „Ich kann dir nur folgen, wenn du durchs Gras gehst", sagte er. „Weil sich das Gras unter deinen

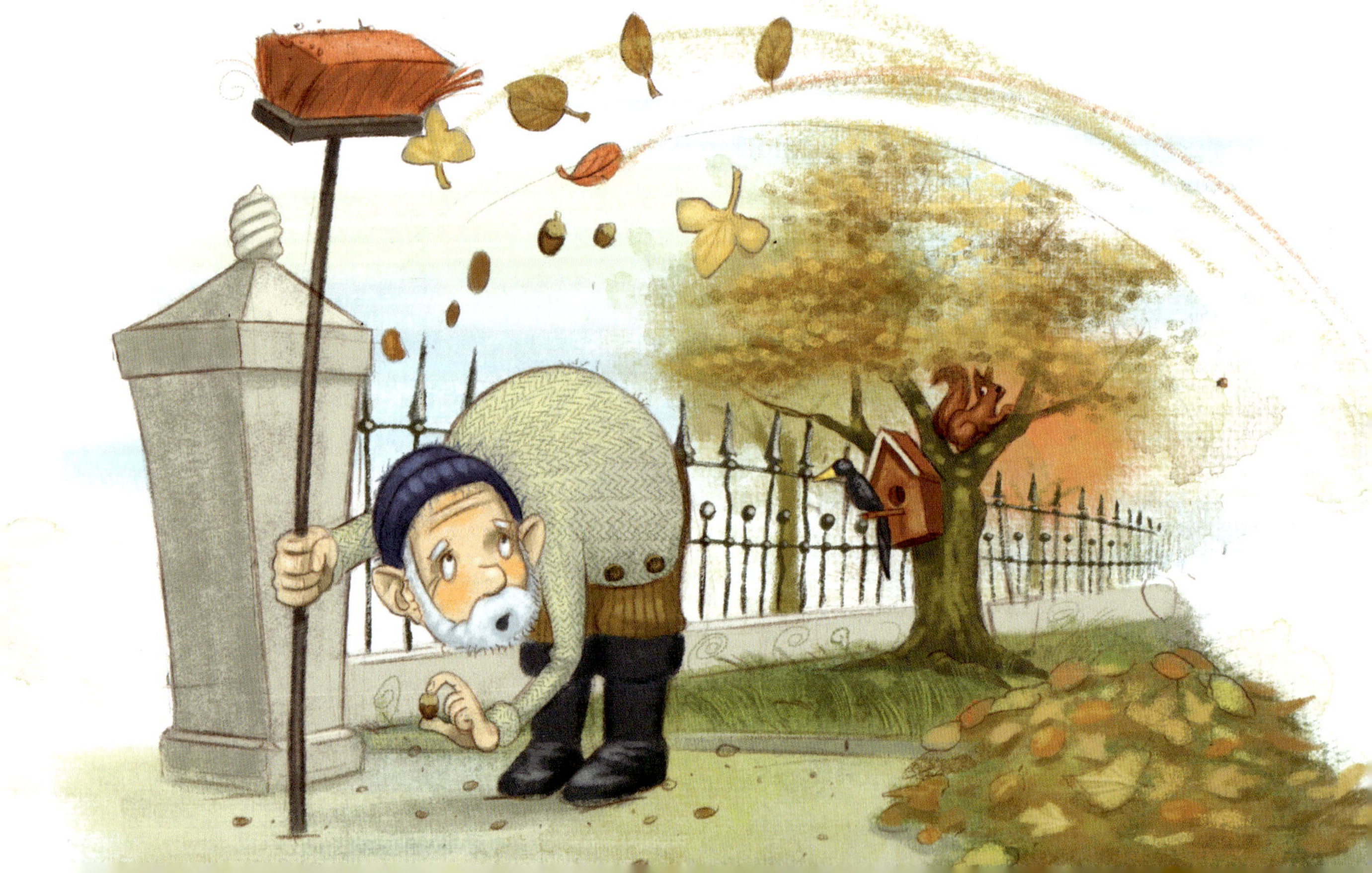

Schritten biegt." Timon lachte erleichtert. Scheinbar war Opa nicht sehr böse darüber, dass er vom verbotenen Fläschchen gekostet hatte. „Ich sitze auf der Treppe", sagte Timon. Doch Opa hörte ihn natürlich nicht. Also stellte er sich wieder auf den Rasen. Opa lächelte. „Da bist du ja, du Schlawiner!"

In diesem Moment kam Herr Ogelstrumpf, Opas unfreundlicher Nachbar, durch das Gartentor auf sie zu. „Guten Tag, Herr Blaumann", begrüßte er Timons Opa. „Wie ich sehe, müssen Sie Ihren Rasen mal wieder mähen. Wie sieht das denn aus, wenn in einem Garten in der Straße das Gras so hoch steht?" Er räusperte sich. „Außerdem höre ich Ihren Wellensittich immer kreischen. Das stört, werter Herr, es stört. Wenn Sie nicht schon so lange mein Nachbar wären, würde ich glatt zur Poli–" Herr Ogelstrumpf stockte. Sein Hut war ihm vom Kopf geflogen. Genauer gesagt, hatte Timon ihn hinuntergestupst. „Nanu?", murmelte Herr Ogelstrumpf verwundert. „Es geht doch gar kein Wind." Er beugte sich hinunter, um seinen Hut aufzuheben. Doch Timon beschloss, den unfreundlichen Herrn etwas zu ärgern. Er ließ den Hut auffliegen und einige Meter entfernt im Gras landen.

Herr Ogelstrumpf runzelte die Stirn. Wieder ging er vor und griff nach dem Hut. Und wieder flog der Hut ein Stück vor.

Herr Ogelstrumpf wurde zornesrot. „Herr Blaumann, so tun Sie doch etwas!", rief er empört. Opa zuckte mit den Schultern. „Gegen den Wind bin ich machtlos, Herr Ogelstrumpf", sagte er höflich. „Aber Sie selbst herrschen doch so gut über Ihren Rasen, Ihre Hecken und Ihren Hund. Gehorcht der Wind Ihnen etwa nicht?"

Timon lachte. Er ließ den Hut hochfliegen und hinunterplumpsen, durch die Hecken kullern und unter der Wäscheleine hindurchsausen. Herr Ogelstrumpf folgte ihm keuchend. Schließlich setzte Timon den Hut wieder auf den Kopf des Nachbarn. Herr Ogelstrumpf sah Opa noch einmal zornig an und zog von dannen. Opa lachte.

„Gut gemacht, Timon", sagte er. „Und nun lass uns hineingehen, die Wirkung des Tranks lässt bald nach." Er öffnete die Hand. Wortlos legte Timon ihm das Fläschchen in die Hand und sogleich wurde es wieder sichtbar.

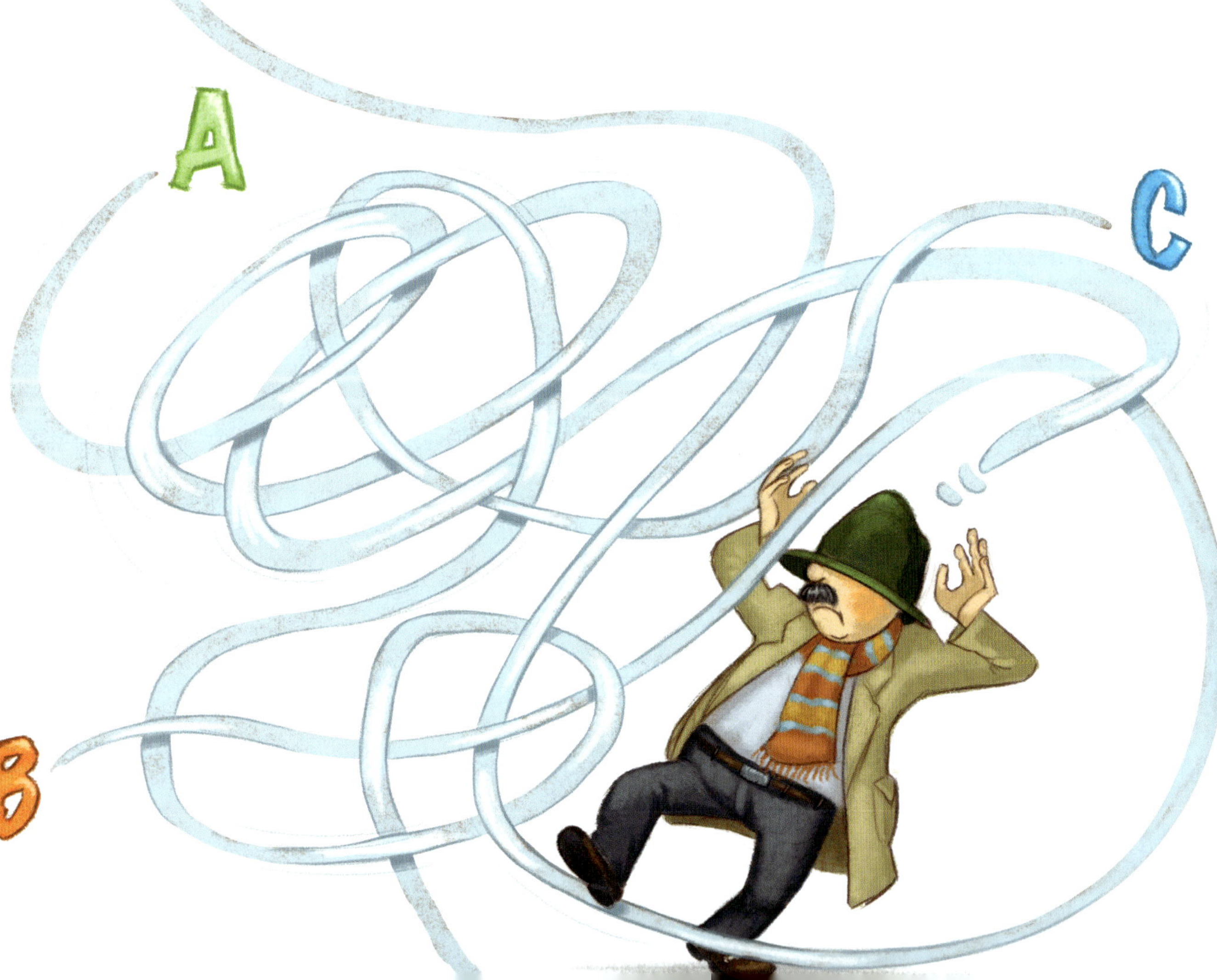

Gut gelaunt folgte er Opa ins Haus. Während er entdeckte, dass seine Spuren auch in dem dicken Flurteppich gut zu sehen waren, begannen seine Füße zart zu kribbeln. Das Kribbeln zog die Beine hinauf und immer weiter – bis in die Haarspitzen. Als sie in Opas Arbeitszimmer ankamen, war Timon wieder ganz und gar sichtbar. Opa verstaute das Fläschchen sicher im Schrank. Dann schloss er die Schranktüren ab und steckte das Schlüsselchen in seine Weste. Timon räusperte sich. „Es tut mir leid, Opa, ich …“ Opa hob die Hand. „Schon gut, Timon. Ich weiß selbst, wie spannend dieser Schrank für Kinder ist. Als ich so klein war wie du, stand ich selbst davor, und mein Opa verbot mir, ihn zu öffnen.“ Timon hob erstaunt die Augenbrauen. „Und, hast du mal …?“ Opa nickte schmunzelnd. „Ein Mal nur. Denselben Trank wie du. Danach nie wieder.“

„Aber warum nicht?“, rief Timon zappelig. Er kratzte sich seinen juckenden Kopf. „Es ist doch toll, unsichtbar zu sein …“ Er kratzte sich am linken Ellbogen. Opa grinste. „Das stimmt. Aber wie du weißt, hat jeder Trank auch seine Nebenwirkungen.“ Er legte seine Hände auf Timons Schultern und drehte ihn zum Spiegel. Timon schnappte nach Luft. Er war über und über blau! Himmelblau! „Wie lange …“, flüsterte er. Opa fing schallend an zu lachen. „Vier Tage“, sagte er. „Und das Jucken gehört auch dazu. Tut mir leid, Timon, da musst du durch. Aber ich erzähle dir gern von meinen unsichtbaren Taten, wenn du abgelenkt werden willst …“ Timon seufzte. Dann kratzte er sich mit der linken Hand hinterm rechten Ohr und mit der rechten Hand am linken Knie und lachte einfach mit.

Wunscherfüller-Zaubertrank

Unsichtbarkeits-Tränke sind so selten und so geheim, dass sie nicht einfach in einem normalen Buch verraten werden. Aber du kannst dir diesen Zaubertrank brauen und probieren, ob er wirkt:

Du brauchst

ein Glas
roten Saft (z. B. Trauben- oder Kirschsaft)
Mineralwasser

So wird's gemacht

Mische den roten Saft mit dem Wasser. Rühre sieben Mal rechtsherum und sieben Mal linksherum. Lasse das Glas über Nacht auf der Fensterbank stehen, damit das Mondlicht es mit Zauberkraft stärken kann.

Setze dich nun mit geschlossenen Augen vor das Glas. Stelle dir ganz genau vor, was du dir wünschst, und trinke mit geschlossenen Augen den Zaubertrank auf einmal aus.

Wenn alles geklappt hat, wird dein Wunsch bestimmt in Erfüllung gehen – viel Glück!

Unter Wasser ist es nasser, als ein jedes Kind sich denkt …

„Unter Wasser ist es nasser, als ein jedes Kind sich denkt …" Fröhlich blubberte der alte Krake beim Putzen vor sich hin. Da schwamm plötzlich ein Schwarm Quallen mitten durch die Felsen. „Hey, weg da, ihr qualligen Quallen, verschwindet!", brummte der alte Krake. Mit seinen Handfegern wedelte er die fast durchsichtigen Tierchen hinaus. Beleidigt schwebten die Quallen davon, schwammen aber besonders nah über den Boden, damit schön viel Sand aufwirbelte. „Ihr lästigen Plagebiester", schimpfte der Krake. Dann nahm er wieder die vier Handfeger in die linken Tentakel und die vier Schaufeln in die rechten Tentakel und putzte alles noch einmal. Er seufzte. Das Klassenzimmer sollte doch hübsch sein, wenn die neuen Schulkinder kamen!

Mach mit und blubbere fröhlich!

Eine kleine Qualle hat sich versteckt. Findest du sie?

Und da huschte schon der erste kleine Krebs hinter einem Stein hervor. „Hallo, Kord", sagte der Krebs. „Wann fangen wir an zu singen?" Kord Krake schob den kleinen Krebs auf seinen rosa Muschelstuhl.

Gleich darauf kam auch schon das nächste Meereskind: ein blauer Fisch. Der alte Krake setzte ihn auf eine orange Koralle. Es folgten zwei Seepferdchen, ein schwarzer Fisch, eine Qualle, noch ein Krebs und ein winziger Hai. Kord verteilte sie alle auf ihre Sitzplätze: Steine, Muscheln, Korallen und Schwämme. Doch das war gar nicht so einfach. Die frechen kleinen Meereskinder zappelten und tauschten die Plätze, versteckten sich zwischen den Felsen oder verscharrten sich im Sand. Onkel Kord wirbelte mit seinen acht Fangarmen herum und schob die frechen Winzlinge eifrig hin und her – bis es ihm zu dumm wurde. „So, jetzt ist aber mal Schluss!", rief er laut. Mit jedem seiner Arme schnappte er ein

Schnappe mit deinen Händen wie ein kleiner Krebs.

Meereskind und hielt alle sanft fest. „Ihr wollt doch etwas lernen hier, oder?", fragte er. Die Meereskinder nickten. Der kleine Hai schmiegte sich an seinen Arm: „Aber wir sind doch gerade erst Schulkinder geworden und darum so schrecklich aufgeregt", sagte er entschuldigend. Onkel Kord überlegte. „Ja, das kann ich verstehen", murmelte er. Da zwickte ihn der kleine Krebs in den siebten Arm. „Onkel Kord, wir könnten doch morgens mit einer kleinen Tobepause anfangen und danach ganz fleißig lernen!"
Der Krake lachte. „Mit der Pause anfangen? Das finde ich eine tolle Idee." Er öffnete seine Tentakel, sodass die Meereskinder wieder herumzappeln konnten. „Dann tobt mal los, ihr Winzlinge",

brummte er gutmütig und streckte seine Fangarme so aus, dass die Kleinen darauf herunterrutschen konnten. Das kitzelte den Kraken, und sie lachten sich gemeinsam schlapp. Und als Kord schließlich „Jetzt fangen wir aber an!" rief, huschten Hai und Qualle, Krebse, Fische und Seepferdchen brav auf ihre Plätze. Und in Windeseile lernten sie gleich am ersten Tag das Lied der Fische:

Unter Wasser ist es nasser, als ein jedes Kind sich denkt.
Und der Tintenfisch wird blasser, wenn er sich durch Felsen zwängt.
Hütet euch vor großen Fischen, damit sie euch nicht erwischen!
Unter Wasser ist es nasser, als ein jedes Kind sich denkt!

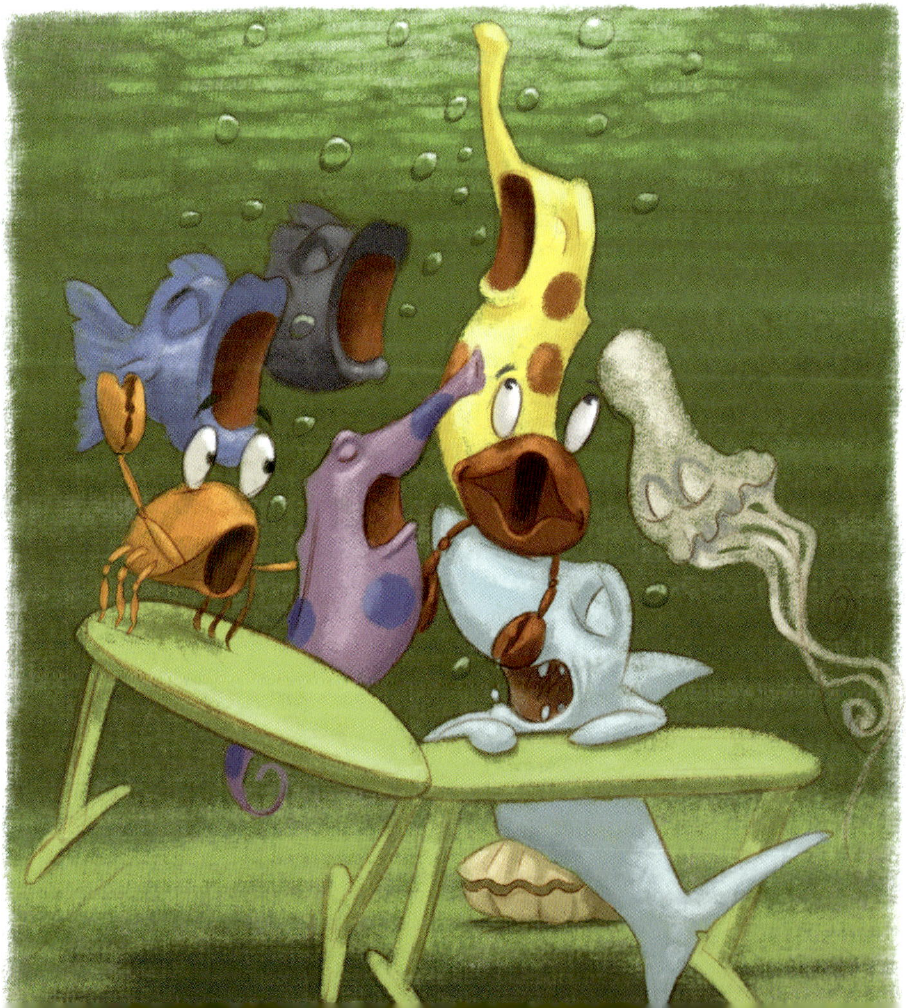

Fang die Meer-Winzlinge!

Die kleinen Winzlinge sind schon wieder ausgebüxt! Sie sind so zappelig – fang sie rasch wieder ein!

Du brauchst

acht Luftballons (oder Wasserballons)
einen wasserfesten Stift

So wird's gemacht

Lass ein bisschen Wasser in die Ballons laufen. Blase sie dann noch etwas auf, bis sie so groß sind, dass sie gut in deine Hand passen, und knote sie zu.

Male mit einem wasserfesten Stift Meeres-Winzlinge auf die Ballons: Haie, Quallen und was dir sonst noch einfällt.

Nun setze dich in die Wanne und lass etwas warmes Wasser hineinlaufen.

Mach mit einer Hand kräftig Wellen. Mit der anderen Hand versuchst du nun, wie Krake Kord alle Winzlinge in eine Ecke der Wanne zu schieben. Klappt es? Pass gut auf deine Schüler auf!

Alternativ kannst du auch eine kleine Wanne für die Dusche nehmen.

10 Tipps zum Vorlesen

1 Es sich gemütlich machen. Schaffen Sie für sich und Ihren kleinen Zuhörer eine entspannte Situation. Bauen Sie zum Beispiel eine eigene Kuschelecke mit Decken, Kuscheltieren und ganz vielen Kissen.

2 Vorlesen als Ritual. Rituale vermitteln Kindern Sicherheit, Struktur und Geborgenheit. Machen Sie das Vorlesen zu einem Wohlfühlritual – die Tageszeit ist dabei ganz egal. Wichtig ist aber, dass das Ritual ernst genommen und eingehalten wird.

3 Noch eine Geschichte! Lassen Sie ruhig mal Ihr Kind eine Geschichte aussuchen. Die kleinen Bilder im Inhaltsverzeichnis helfen ihm dabei.

4 Noch mal! Auch wenn Abwechslung wichtig ist: Kinder lieben Wiederholungen. Sie hören ihre Lieblingsgeschichte gerne ein drittes, viertes oder fünftes Mal.

5 Haben Sie Spaß beim Vorlesen. Und Mut zur Schauspielerei. Lassen Sie den grimmigen Riesen mit tiefer Stimme grollen und schimpfen. Das Mäuschen kann hoch und ängstlich sprechen und die Schlange sanft und schmeichelnd. Ein paar Patzer sind da überhaupt nicht schlimm.

6 Vorlesen heißt, sich Zeit zu nehmen. Lesen Sie den Text in Ruhe vor und machen Sie Pausen. Dann kann Ihr Kind nachfragen, wenn es etwas nicht versteht. Die roten Fragen am Rand bieten Gesprächsanlässe und regen Ihr Kind an, eigene Gedanken zu äußern.

7 **Mehr als Zuhören.** Beziehen Sie Ihr Kind immer wieder spielerisch in die Geschichte ein. Vielleicht kann es der Hexe bei ihrem Zauberspruch helfen oder den Ritter bei seinem Wettrennen anfeuern. Die grünen Ideen am Rand zeigen Ihnen, an welchen Stellen der Geschichte Ihr Kind mitmachen kann.

8 **Kein Vorlesen ohne Bilder.** Schauen Sie sich beim Vorlesen gemeinsam mit Ihrem Kind die vielen tollen Bilder an. Oft gibt es noch etwas Spannendes zu entdecken. Die blauen Fragen verraten Ihnen, wo.

9 **Im Gespräch bleiben.** Mit dem Zuklappen des Buchdeckels muss das Vorlesen nicht vorbei sein. Sprechen Sie mit Ihrem Kind über das Gelesene. Wie fühlen sich wohl die Figuren aus dem Buch? Hat Ihr Kind schon einmal eine ähnliche Situation erlebt?

10 **Eine Geschichte kann noch mehr!** Denken Sie sich zusammen mit Ihrem Kind doch mal ein ganz anderes Ende für die Geschichte aus, oder lassen Sie es ein Bild von der hübschen Prinzessin malen. Zu jeder Geschichte finden Sie dazu eine passende Aktionsidee zum Basteln, Malen, Kochen oder Spielen.

Für alle, die's genau wissen wollen

Warum haben wir Tomaten auf den Augen?
Christian Dreller
Vorlesegeschichten zu den lustigsten Redensarten
ISBN 978-3-7707-2374-4
Ab 4 Jahren

Warum ist die Banane krumm?
Petra Maria Schmitt · Christian Dreller
Vorlesegeschichten für neugierige Kinder
ISBN 978-3-7707-4014-7
Ab 5 Jahren

Warum klappern wir mit den Zähnen?
Andrea Schütze
Vorlesegeschichten rund um unseren Körper
ISBN 978-3-7707-4018-5
Ab 4 Jahren

Warum brauchen Haie keinen Zahnarzt?
Petra Maria Schmitt · Christian Dreller
Vorlesegeschichten für neugierige Kinder
ISBN 978-3-7707-4017-8
Ab 4 Jahren

Haben Elefanten wirklich Angst vor Mäusen?
Christian Dreller
Vorlesegeschichten zu den lustigsten Alltagsirrtümern
ISBN 978-3-7707-2375-1
Ab 4 Jahren

Weitere Informationen unter **www.ellermann.de**

ellermann
DER VORLESEVERLAG

Vorlesen. Mitmachen. Spaß haben!

In diesen wunderbaren Vorlesebüchern über starke Prinzessinnen, freche Feen, schöne Meerjungfrauen, wilde Piraten, mutige Ritter und gefährliche Räuberbanden findet jedes Kind seine Lieblingsgeschichte. Lustige Fragen, viele Bilder und kleine Spielanregungen laden zum Erzählen, Entdecken und Mitmachen ein.

Maren von Klitzing
Zauberhafte Vorlesegeschichten –
Prinzessinnen, Feen, Meerjungfrauen
Einband und farbige Illustrationen von Daniela Kunkel
Ab 4 Jahren · 80 Seiten · ISBN 978-3-7707-2921-0

Ann-Katrin Heger
Wilde Vorlesegeschichten –
Piraten, Ritter, Räuberbanden
Einband und farbige Illustrationen von Anna Marshall
Ab 4 Jahren · 80 Seiten · ISBN 978-3-7707-2732-2

Weitere Informationen unter **www.ellermann.de**

Auf **www.ellermann.de/vorlesen** finden Sie weitere tolle Bücher, Tipps und Ideen. Wir wünschen Ihnen viel Spaß beim Surfen und Vorlesen.